「司馬遼太郎」で学ぶ日本史

磯田道史 Isoda Michifumi

NHK出版新書
517

はじめに

これまで歴史学者が「司馬遼太郎」を論じることは、ほとんどありませんでした。言及があっても、ほぼ近代史に限られていました。現代の日本人の歴史観に最も影響を与えた作家であるにもかかわらず、学問としての歴史は司馬さんに触れてこなかったのです。

大学生は面白いことに、大学教授の本よりも司馬遼太郎さんの本を多く読んでいます。しかし、大学の歴史講義では「あれは文学」とされて、教授と学生が司馬文学について語り合うことは、まずありません。

その意味で本書は、歴史学者が「司馬遼太郎」をあえて正面から取り上げ、司馬作品から入って、体系的に戦国時代から昭和までの日本史を学ぶ珍しい本です。

司馬さんが遺した膨大な数の作品群のなかで、代表作と言われているのが、『竜馬がゆく』『翔ぶが如く』『坂の上の雲』の三大長編です。

これらの作品は、明治以来の近代日本国家がどのようにできたのかということを、「準備段階」「実行段階」、そして「絶頂」に至る過程に沿って描いたものだと言っていい。坂本龍馬、大久保利通《としみち》と西郷隆盛、そして秋山真之《さねゆき》をはじめとする日露戦争の群像が躍動し、アジアで唯一の列強へと駆け上がってゆく――その日本の自画像を描いた物語です。これらを読む日本人は、幕末から近代にかけての歴史を、非常に痛快な、明るい歴史ととらえました。

一方で司馬さんは、日本についてのある種の悩みや影を抱えた人物でもありました。それは彼の戦争体験によるものです。幕末から明治にかけての日本は、軍事力を基盤とした権力体を築き、植民地化の危機を脱しただけでなく、自らが植民地を獲得する側に立ちました。しかし、それが司馬さん自身の青春を非常に暗いもの、辛いものにする時代へ、つまり昭和の戦争の時代へとつながっていきます。

司馬さんは自らが生きた昭和の時代については、ついに小説作品を遺すことはありませんでしたが、作家生活の後半に多くのエッセイや史論を発表するようになったことで、「小説家」というよりも「歴史家」と思われるようになりました。

現在では、本人が好むと好まざるとにかかわらず、「司馬史観」という言葉が使われるようになり、いま述べたように、彼が遺した膨大《ぼうだい》な小説や、エッセイ・史論は私たちが歴史を知るうえでの大きな助けとなっています。しかし、「司馬遼太郎を読めば日本史がわかる」というのは、半分は正しくて、半分は間違いです。

それにはふたつの理由があります。ひとつは当たり前のことですが、司馬さんの作品はあくまでも文学であって、歴史そのものではないからです。日本史を知るためには、なぜこういうことを書いたのか、そこにどういう史実のつながりがあるのか、ということを補って読む必要があります。

もうひとつは司馬さんの歴史の見方に起因しています。たとえば日本陸軍をつくり上げた権力体のもとをたどっていくと、織豊《しょくほう》時代に濃尾《のうび》平野に生まれた、のちに天下人になっていく人たちの話に行きつく、というように、司馬さんにとっては戦国史も幕末史も、すべて日本近代史のための歴史であり、そこには司馬さんなりの独特の歴史の見方が働いています。そのことを十分に理解して読まなければ、いきなり小説を渡されても、その真《しん》髄《ずい》にたどり着くことはできません。

そこで本書では、司馬遼太郎さんの作品から、戦国、幕末、明治、そして司馬さんが異常な時代――「鬼胎《きたい》（もしくは異胎《いたい》）」と呼んだ昭和前期（広義では、日露戦争後の一九〇五年から四五年の終戦までの四〇年）を扱ったものを順に取り上げながら、それらを入り口にして、日本の歴史、および日本人の姿を見つめ直していきます。

また、晩年の司馬さんは「二十一世紀に生きる君たちへ」という文章を残し、自身は新しい世紀を見ることはないだろうと予言して、そのとおりに一九九六年に亡くなられました。二一世紀を生きる私たちは、二〇世紀に至るまでの日本と日本人を見つめ続けた司馬さんのメッセージを、今こそ読み取らなければいけない時期にきています。

本書では、そのことも十二分に踏まえたうえで、日本の歴史と日本人をより深く理解するために、司馬遼太郎さんがどのように歴史を見ていたのか、また、そこから何を語ろうとしていたのかを、一つひとつ丁寧に読み解いていきたいと思います。

「司馬遼太郎」で学ぶ日本史　目次

校閲　猪熊良子
安田清人（三猿舎）
DTP　佐藤裕久

序章

司馬遼太郎という視点

歴史をつくった歴史家

司馬遼太郎さんは、作家であると同時に、歴史について調べ、深く考えるという意味においては歴史家でもありました。しかし、他の歴史家と、司馬さんは一線を画しています。司馬さんは、ただの歴史小説家ではありません。「歴史をつくる歴史家」でした。

非常に稀《まれ》ではありますが、日本史上何人かこうした歴史家は存在します。歴史というのは、強い浸透力を持つ文章と内容で書かれると、読んだ人間を動かし、次の時代の歴史に影響を及ぼします。それをできる人が「歴史をつくる歴史家」なのです。

後世の歴史に影響を与えたと言っていい最初の歴史家は、もしかすると『太平記』[*1]の作者とされる小島法師かもしれません。小島法師は琵琶《びわ》法師と言われており、『太平記』で後醍醐天皇の即位から細川頼之《よりゆき》の管領就任までの約半世紀に及ぶ南北朝の動乱を描きました。

この『太平記』が、一躍スターに押し上げたのが楠木正成《まさしげ》です。楠木正成は後醍醐天皇に呼応して、南朝方として兵を挙げ、天皇が建武政権を打ち立てるのに貢献しました。もともとは河内の国の小さな豪族に過ぎませんでしたが、『太平記』が活躍を伝えたおかげで後世まで知られ、彼の生きざまは大きな影響を長い間日本史に与え続けます。『太平記』が楠木正成を忠義の士として、あれほど叙情的な美しい名文で描いていなければ、後の歴史は違ったでしょう。明治維新は、私たちが知っている形にはならなかった公算が高いと思います。

明治末の一九一一年になると、南北朝いずれの皇統が正統かをめぐる「南北朝正閏《せいじゅん》論」という論争がこの国に起きました。これは、それ以前から議論されていた問題ではあったのですが、一九一一年に国定の教科書に南北朝の両方が並立されて書かれているのはおかしいとの論説が新聞に登場し、政治問題となったのです。

日本の現在の皇室は北朝の系統ですが、明治天皇はこれを裁断し、楠木正成が仕えていた南朝が正統であると決定しました。陸軍の軍人たちも南朝の正統性について論じるなかで、国家主義的な思想を固めていきます。

こうして第二次大戦の敗戦時まで、日本の国家では南朝を正統とする議論が正しいとされていました。『太平記』に書かれた歴史観が、昭和以降のわれわれの歴史にまで影響を与えていると言えるのです。『太平記』がなければ、近代の歴史もまた違ったものになっていたかもしれません。

頼山陽と徳富蘇峰

その後、歴史に影響を与えた主要な歴史家は三人しかいない、と私は思っています。一人は、約二〇〇年前に『日本外史』を著《あらわ》した頼山陽《らいさんよう》です。彼は広島藩の儒学者の家に生まれました。頼家の家禄は儒学者としては破格の三〇〇石というもので、西日本にはこれほどの禄高を誇った儒者はほとんどいません。

そういう恵まれた家に生まれた頼山陽ですが、その家を継ぐことはありませんでした。そして広島藩を脱し、その罪で自宅に軟禁されている間に、『日本外史』の執筆に取りかかり、源平から徳川に至る武家の興亡史二二巻を書き上げます。幼いころから英才教育を受けていた頼山陽の筆は超絶したもので、この『日本外史』は当時のベストセラーとなりました。

彼はこの書によって、日本は本来天皇が治めていたもので、武家の世とは一種の「借り物」のようなものであることを当時の日本人に認識させました。それが尊王攘夷《じょうい》の気運をかき立て、明治維新を実現させるという形で歴史を変えたことはご承知かと思います。

もう一人は、作家・ジャーナリストとして長く活躍した徳富蘇峰《とくとみそほう》です。蘇峰は熊本藩の庄屋の家に生まれ、キリスト教や西洋の学問を早くから取り入れていた熊本洋学校で教育を受けて、明治時代に日本で最も影響力の大きなジャーナリストとなりました。

蘇峰は、現代政治や国際情勢などに通じていた一方で、当時の明治人の特徴でもありますが、万能の才を持っていたと言っていい人物です。民友社という新聞・雑誌社を創立し、『國民之友』や『國民新聞』を発行して、明治の世論に多大な影響を与えました。

この蘇峰こそ、『近世日本国民史』全一〇〇巻（一九一八〜五二）を書き、日本人の歴史観をはっきりと規定した人です。おそらく、国民国家日本の成り立ちの歴史を、豊富な史料を駆使して日本人に認識させた最初の人が蘇峰であっただろうと思います。

彼は熊本の出身だったと書きましたが、面白いことに、日本近代を考えるうえで、この熊本出身者というのは非常に重要です。歴史観をつくった蘇峰の他に、大日本帝国憲法[*2]の制定に大きく関わった井上毅《こわし》[*3]、また、その井上とともに教育の基本法にあたる教育勅語[*4]を起草した元田永孚《もとだながざね》[*5]も熊本の人です。近代日本の思想、憲法、教育の三分野の根幹部分は、熊本の学校で学んだ人たちが主導したことになります。

日本人の歴史観への影響

そして頼山陽、徳富蘇峰に続く三人目の歴史家が、司馬遼太郎さんということになります。あまり語られていませんが、蘇峰が司馬さんに及ぼした影響は決して小さくない、と私は思っています。

小説家にとって、徳富蘇峰は歴史を描く際にたくさんの史料を引用するので、とてもありがたい存在です。司馬さんはその影響を受けながら、さらに多くの史料を収集して、蘇峰以後の、戦後日本人の歴史観をつくりました。

戦後日本の特徴を歴史的に語るならば、激しい経済成長をもたらした時代であり、いわゆる民主主義を伴った大衆社会を実現した時代でもあります。国民が文庫本を消費して、空前絶後の読書人口になりました。その後、映画やテレビなどの映像メディアが爆発的な発達を見せますが、戦後七〇年を俯瞰《ふかん》しますと、人々が本と映画とテレビにすさまじい勢いでのめり込んだ時代だと思います。

自宅の書斎での司馬遼太郎（写真提供：司馬遼太郎記念財団）

司馬さんはその作品世界を大量の著書によって国民に供給してくれました。特に文庫という安価で入手容易な形をとって、著作が日本家庭の書棚に入り込み、その叙述が映画やテレビ番組に翻案されていった点は重要です。日本人の多くは司馬作品を通じて日本の歴史に接し、その歴史観をつくったと言っても過言ではないでしょう。

もちろん学校教科書でも歴史を習うわけですが、教科書の歴史は無味乾燥で人物の細部があまり見えてきませんでした。歴史上の人物の生きざまを知りたがった人たちは、こぞって司馬作品を読み、あるいは観て、司馬さんの提供した歴史像でもって過去の日本を知るようになったのです。

司馬作品のオリジナリティ

じつは、歴史文学というものは大きく三つに分けられます。ひとつは歴史小説、もうひとつが時代小説、そして、最近はあまりふるわないのですが、史伝文学というものもあります。史実に近い順番でいうと、史伝文学、歴史小説、最後に時代小説です。

『司馬さんの作品はほとんどが歴史小説と呼ばれるものですが、日露戦争を描いた『坂の上の雲』はそのなかでも、最も史伝文学に近いと認識されています。司馬さんの場合は、史料がたくさん残っている近代に近ければ近いほど、事実に近い史伝文学に近づいていき、逆に古代に向かっていくほど、歴史小説を離れて時代小説になっていきます。

司馬遼太郎さんという作家は、日本の文学史上でも叙述の形態がとてもオリジナリティに富んでいて、非常にユニークな作家だったと思います。まず、ふだん小説を読むとき、私たちは過去の歴史やその時代を知ろうと思って読むのではなく、文学そのものを楽しもうとして読むことが多いものです。でも司馬さんの作品の場合は、たとえば戦国時代の終わりごろの日本の状況を知りたいから、あるいは日露戦争の詳細を知りたいから読む、といった読み方がなされます。

その是非については、人それぞれ考えがあるでしょう。あくまでも小説だから現実とは違うという意見もあれば、いや、史料の行間を読み込んで、なるべくその時代の空気を復元したものであるから、よく描いているると評価する人もいます。

司馬さん自身は、ひょっとしたら自作が歴史理解のレファレンス作品とされ、そういう読み方をされるのを、嫌っていたかもしれません。しかし、専門教育を受けていない一般の人が古文書や現物の史料にあたって史実を復元するのは非常に難しいものです。司馬さんほど多くの史料にあたり、それを作品に生かした小説家は少ないのも事実でしょう。

司馬さんの遺した作品を手がかりに、この国の歴史に触れ、心豊かな時間旅行を体験してみるのもよいのではないでしょうか。

歴史小説と時代小説

司馬さんと同様に、緻密《ちみつ》な調査に基づいて歴史小説を描いた作家として思い浮かぶのは誰でしょうか。吉村昭さんや海音寺潮五郎《ちょうごろう》さんが挙げられます。

吉村昭さんの作品には『戦艦武蔵』などの戦史小説もありますが、関東大震災や東北の津波の姿を描いた作品もあります。東日本大震災の際には、過去の津波の被害を描いた文学として、にわかに吉村さんの作品が注目を集めましたが、歴史小説の分野で独自の境地を切り拓いた方と言えます。

また、海音寺潮五郎さんは、司馬さんが登場してきたときの理解者としても知られていますが、歴史を扱った小説は史実に基づいたものでなければならないという信念の下に、大河ドラマにもなった『天と地と』や、生涯のライフワークとしていた『西郷隆盛』（未完）などの長編歴史小説を遺しました。海音寺さんのこの立場は、『鬼平犯科帳』など、よく時代劇ドラマになる、池波正太郎さんの時代小説の立場とは対極にあるものとされています。

戦略構想の基本として語られる言葉に「着眼大局、着手小局」（全体を大きく見て戦略を構想し、実践は小さなことを積み重ねていく）というものがありますが、司馬さんなどはまさにこの言葉に相応《ふさわ》しい作家です。時代全体の在り方や時代精神を天から俯瞰して、そこから落下傘降下するように時代のディテールに迫る。逆に吉村さんなどは、小局に着手して結果として大局が見えてくるという手法だったかもしれません。

吉村さんの文学は、地を這《は》う史料探査で事実を突き詰め、そこから読者に真実を悟らせます。たとえば代表作のひとつ、大老・井伊直弼《なおすけ》の襲撃事件である『桜田門外ノ変』を書いたときには、この襲撃の瞬間に雪が降っていたかどうかを明らかにするため、関東中の史料を調べ、水戸にあった商人の日記で雪が降り終わった時刻を確かめてから筆を執《と》った、という逸話が残されています。

こうした吉村さんの文学は、大づかみなやさしい説明がまず先にくる司馬さんの作品より、読解力が必要で、難解かもしれません。ただ、どちらの作品からも、その時代の状況が色濃く見えてきます。

一方の時代小説を代表する作家は、山本周五郎さんや池波正太郎さん、山田風太郎さんあたりでしょうか。

山本周五郎さんは直木賞をはじめ、すべての文学賞を固辞したことでも知られています。山本さんの作品は、主に『キング』などの昭和になって人気を博した大衆雑誌に連載されており、時代考証的に言えば、陣屋がないところに藩が存在したりするなど、もともと史実を探求しようとして書かれたものではありません。ですが、その情感や小説のストーリー展開などは非常に優れており、時代小説のスタイルをつくったものとして、今日でも映像化の話などが絶えません。

この映像化ということで言えば、池波正太郎さんの時代小説群も、今日、私たちを楽しませてくれています。もともと新国劇の脚本家だったということもあるのでしょう。『鬼平犯科帳』『剣客商売』『仕掛人・藤枝梅安』の三大シリーズなど、非常に楽しめる歴史的世界を私たちに提供してくれました。

『鬼平犯科帳』がいい例ですが、長谷川平蔵などを史実から飛躍させて、自由に江戸時代において架空のストーリーを展開させます。もしくは、架空の登場人物で、架空のストーリーを書きます。舞台が江戸時代なので、確かにその時代の決まりや風俗というものが作品には織り込まれるのですが、もちろん史実を書いたものではありません。

作品で描く世界は、必ずしも史実に沿っていなくていい。舞台が歴史的世界であれば、そのなかに人工的につくった人間を置いて自由に動かし、その時代のなかで人間はどのように生きるのかという思考実験をおこなう。架空を突き詰めることで現実を考えてみる、起きうることを考えてみるという世界ですから、ある意味、時代小説は架空物であり純粋理論の世界なのです。

歴史を奇想で崩した作家

ここで特筆しておきたいのが山田風太郎さんです。山田風太郎さんは昭和から平成にかけて活躍した小説家で、『甲賀忍法帖』や『くノ一忍法帖』の『忍法帖』シリーズなど、奇想天外な伝奇小説を書かれました。本人が言うには、もともとが医学生であったことから、はじめはアルバイトのつもりで小説を書いていたそうです。

この山田風太郎さんなどは、じつは非常に歴史に詳しく、史実にもとをとって自由に空想世界を描いた人です。膨大な歴史的な知識を持っており、扱った時代は戦国時代のみならず、文明開化期を描いた『警視庁草紙』など、明治初期にまで広がっています。

私がよく使う表現で言えば、いわゆる史実を追い求めた小説が、お堅い懐石料理だとすると、山田風太郎さんが書いたような大衆的な娯楽小説は、お好み焼きとか、そういうB

級グルメ的なものと言えるでしょう。

山田さんは膨大な歴史的な知識を持っているので、本当は懐石料理も、熟練の職人と同じか、それ以上に美味しくつくれるのです。でも、あえてその技術でB級グルメである娯楽時代小説を書いてくださっていることが、わかる人にはわかる。

実際に私の周りでも、凄腕の編集者ほど山田風太郎さんの評価が高いです。歴史を理解しながら奇想によって崩してゆく。それは抽象画のような世界と言えるでしょう。司馬さんの具象と山田さんの抽象という比較も面白いかもしれません。

動態の文学、静態の文学

ところで、司馬遼太郎さんと対比される作家と言えば、藤沢周平さんを挙げないわけにはいきません。両者の文学を見ると、よく指摘されることですが、藤沢さんの文学は「静態の文学」と言えます。

藤沢さんは東北・山形県の生まれで、若いころから肺を病むなど、人生の苦悩のなかで、独特の美しさを文学に結晶させた作家です。藤沢さんの小説のなかに『三屋《みつや》清左衛門《せいざえもん》残日《ざんじつ》録《ろく》』という作品がありますが、この作品ほど江戸時代の武家社会の雰囲気を伝える文学は珍しいでしょう。ＮＨＫは武家社会を描いた文学を度々映像化していますが、この作品をもとにしたものが非常に現実に近いのではないかと、私は思っています。

その小説の主人公・清左衛門がいるのが、東北の海坂藩《うなさかはん》という架空の藩です。藤沢さんは自身も出身である東北に海坂藩という架空の世界を想定しました。言わば江戸時代という試験管内につくられた美しい実験モデルで、そのなかで時間が経過します。

海坂藩の世界は永久に続いていくのではないかと思えるほど完璧な完結世界で、その内部での人間模様が、この作品では緻密に描かれていきます。しかし、海坂藩を破壊する力――たとえばペリー来航や、戦国時代に敵の首を取ってのし上がっていくというような――、時代のうねりは描かれない。つまり、ある完成された時代に生きる人間像を描き、その生き方から私たちが生きるヒントを得るということを、藤沢周平さんは意図していたのでしょう。

対して、司馬さんの文学というのは、時代のダイナミズムや社会の変動を描く「動態の文学」です。徳川幕府や全国の諸藩があるとするならば、それがどうやってできたかに考えをめぐらせ、それをつくる諸々の力を描く。あるいは、幕府や藩が逆にどのように壊れ、敗れていったのか、どんな力がそこに働いたのかを考察し、その様子を描いていく。動態のエネルギーがどのように生じるのかということを国民の眼前に見せる文学です。

ここが司馬さんの文学の非常に特徴的なところで、激動の時代を生きる二一世紀の私たちにとても重要な示唆を与えてくれる点だと思うのです。ひるがえって私たちは、現在の日本に大きな影響を与えた江戸時代の「たたずまい」を知るために藤沢さんの文学を欲します。

動態と静態というふたつの姿勢が横糸と縦糸となり、日本の歴史文学はつくられてきた。私たち日本人は、そのときどきの内的欲求にあわせて、司馬遼太郎と藤沢周平という二人の国民作家に代表される歴史小説と時代小説のなかから、必要とする作品を無意識に選び取っているのでしょう。

なぜ歴史を学ぶのか

司馬さんの文学が「動態」となった理由――それは戦争体験が大きいと思います。「どうしてこういう国になってしまったのだろう?」という疑問が彼に小説を書かせた動因でした。ですから司馬文学の背後には、How より Why があります。

私は司馬さんの文章を読むとき、その出来事がなぜ起きたかという因果関係を彼がどのようにとらえているかを文脈から読み取るように心がけています。そもそも私たちはなぜに歴史を学ぶのでしょうか。過去を例に、どうしてそうなったのかを知っていれば、現在や将来に似たような局面に出くわしたときに、役に立つからでもあります。

他の動物と人間が大きく違うのは、動物は自分の体験しか未来に活かせないのに、人間は違う時代や違う場所に生きた赤の他人の経験をも将来に活かせる点です。ただ、それは良質な歴史叙述を読み、自分の頭で深く考えることのみによって可能になるものです。

江戸や明治の日本人は、鳥やけだものとは違うものになるために、しっかり学問をしなければならないと教えられ、それを自覚して懸命に学びました。司馬さんの歴史叙述は、この国の歴史文学のなかでは質の良い、最もわかりやすいもののひとつです。読者のみなさんも、ぜひその読解をきっかけに自分の人生に役立つ歴史の思索を試してみてはいかがでしょうか。

次章からは、実際にそうして司馬遼太郎さんの作品を読み解いていきましょう。

＊1 **『太平記』** 一三一八年の後醍醐天皇即位から六七年の細川頼之の管領就任までの五〇年にわたる南北朝動乱の歴史を描いた四〇巻の軍記物語。『洞院公定日記《とういんきんさだにっき》』は、著者を南北朝時代の小島法師（?～一三七四）とする。

＊2 **大日本帝国憲法** 明治憲法とも。初代内閣総理大臣の伊藤博文、井上毅らは、君主権限の大きいプロイセンの憲法などを参考に起草。天皇が定めて国民に下し与えるという欽定憲法として一八八九年発布。

＊3 **井上毅** 一八四三～九五。明治期の官僚・政治家。渡欧して国制・法制を学び、伊藤博文の下で大日本帝国憲法、皇室典範、教育勅語などの起草に参画した。

＊4 **教育勅語** 一八九〇年に発布された、教育の指導原理を示した明治天皇の勅語。儒教的徳目に基づいた家族国家観に立ち、天皇制の精神的支柱とされた。

＊5 **元田永孚** 一八一八～九一。幕末・明治期の儒学者。横井小楠に師事。明治天皇の侍講として長く帝王学の教授にあたる。のち枢密顧問官。教育勅語の起草にあたって井上毅と協力した。

第一章　戦国時代は何を生み出したのか

日本、日本人に対する疑問

戦争体験を持つ司馬さんは、「なぜ日本は失敗したのか」「なぜ日本陸軍は異常な組織になってしまったのか」という疑問から、その原因を歴史のなかに探りました。明治近代国家は、王政復古を掲げて徳川幕府を倒して成立しましたが、では徳川幕府の成立に目を向けるとどうだったか。司馬さんは、それが濃尾平野から生まれた天下人である織田信長、豊臣秀吉、徳川家康（家康は厳密に言えば岡崎平野ですが）という、いわゆる三英傑がつくり上げた、後に「公儀《こうぎ》」と呼ばれる権力体を受け継いだものだと気づきます。

公儀とは室町期には将軍を指す言葉でしたが、次第に国や大名領の最高権力を意味するようになりました。将軍の幕府を「大公儀《おおこうぎ》」、ただの大名の藩を「公儀」という言い方をすることもありますが、大公儀という言い方は、大名も自らを公儀ととらえ、幕府＝大公儀の一部を小さく分けて持っていると考えていたという発想です。これを「公儀国家分有論」と言います。

信長が生まれてきた時代には、まだ日本全体を覆《おお》う大公儀は存在していませんでした。大公儀は信長が生まれた濃尾平野から生じてきます。そこで司馬さんは、濃尾平野に目をつけました。信長が生まれてくる前提条件を見つけようとし、濃尾平野に生まれたぽっと出の権力者の姿、すなわち斎藤道三《どうさん》に注目したのです。道三がわかれば、その後の日本がわかるのでは、と考えました。それが、司馬さんの代表作のひとつである『国盗り物語』[*1]の起点となっています。

作品のなかの道三は下剋上を代表する戦国大名として描かれます。新史料の発見により、道三は、美濃の有力武士だった父と二代で戦国大名になったというのが、現在の通説になっていますが、親子二代の下剋上であったことは間違いありません。彼の存在が、やがて信長のような天下人を生み出し、その天下人が公儀と呼ばれる権力体（国家）を生み出し、幕藩制がつくられます。

斎藤道三の肖像画（常在寺蔵）

そしてその国家が壊れるなかで、朝廷と結合した勢力が幕藩由来の官僚制や軍事組織を引き継いで明治国家を創設しました。その明治国家の最後の帰結として、司馬さんの言う「鬼胎の国家」つまり、あの戦争を起こした昭和の軍事国家ができあがります。その昭和の軍事国家が無茶をやって壊れ、形を変化させたのが、私たちの現在の社会である——。司馬さんは、そんな歴史観を背後に持っていましたから、戦国時代、濃尾平野にできた権力体が、われわれの社会の直接の素源だ、と思っていたふしがあります。

だからこそ、司馬さんは『国盗り物語』でかなりの時間をかけて斎藤道三を描いたのでしょう。それは「信長生成過程」という、化学物質が生成されてくるときの化学反応式を解くような作業です。まず、濃尾平野の北部から中央部へと化学変化が連鎖して起きる状態を描いていく。私は、この作品は司馬文学のなかでとても重要な位置を占めていると思っています。司馬文学の時間軸で言えば、司馬さんの思考は現代を知るために『国盗り物語』から始まるのです。

司馬文学と「司馬リテラシー」

近代国家日本のもとをつくった天下人三人について、司馬さんはその本質をはっきりと定義しています。

じつは司馬さんは、人物の好き嫌いについてはあまり語りません。生前に司馬さんと親しくお仕事をされた元NHKプロデューサーの吉田直哉さんによれば、司馬さんは歴史上の理想的な人物について聞かれると、「いや、あなたにはたくさん親戚がおるやろう。『親戚の中で、どの人が好きや?』と聞かれたらどう答える? 『あの親戚はいいところもあんねんけど、やなところも知ってる』となるやろ。だから、難しいというのが私の気分や」と答えたそうです。歴史上の人物の史料を見て、その特性に精通していた司馬さんらしいお答えだろうと思います。

一方で、人物の評価については極めて明確です。たとえば一般的な小説では、主人公の性格が明るいか暗いかとはっきり書くより、明るい面もあれば暗い面もあるというように、人間の抱える矛盾を描くことが重要視されます。しかし、司馬さんの場合は、信長という人物の内面を描くより、信長という存在が与えた社会的影響を明らかにするほうが大事でした。ですから、あえてその人物の性格や資質をひと言で定義します。「いずれも二流の人物である」「無能であると言ってよかった」とはっきり書く。人物評価に対する言明が明確な点が司馬文学の特徴です。それで面白がられている部分があります。

ただ気づいていただきたいのは、そうした低い評価を与えられる人物は、その作品中である種の「役割」を持たされています。つまり、その人が有能であってはいけない。もしかしたら軍事指揮や政治で「二流」と書かれた人物が、じつは手芸や書では一流だったかもしれませんが、そうした多様性は取り敢えず置いておき、社会に与えた影響という面で大雑把に人物を切り取るところが司馬作品のひとつの特徴なのです。

司馬さんの描く人物像を史実ではないと言う人がいますが、それは一面的には正しい。しかし先に述べたように、司馬さんは大局的な視点、世の中に与えた影響という点から、可能なかぎり単純化して人物評価していることを理解しなくてはなりません。司馬作品を読むときには、一定の約束事、言わば「司馬リテラシー」が必要なのです。

三英傑をどう見るか

そのうえで、司馬さんの三英傑評を見ていきます。最晩年のエッセイ『この国のかたち』[*2]では、信長、秀吉、家康について、次のように述べています。

「すべては、信長からはじまった。／（中略）近世の基本については信長が考え、かつ布石した」（三、58「家康以前」）

「信長は、すべてが独創的だった」（一、11「信長と独裁」）

「（秀吉は）その性格が、あかるかったのも、かれの美質だった」（三、55「秀吉」）

「家康は物の上手《じょうず》であっても独創家ではなかった」（三、58「家康以前」）

まず信長は、「すべてが独創的だった」としています。近年の歴史学研究の立場では、信長はもちろん「すべて」が独創的だったわけではなく、室町幕府の機構やあり方に代表される旧来の伝統や慣習も重んじていたという面が明らかになっています。しかし、鉄砲の重視や天守（主）閣の建設、鉄甲船を用いた新戦術、あるいは人材登用の新しさ、本拠地の移転など、他の大名では思いつかないことを次々と繰り出したのは確かで、司馬さんはそうした部分こそが歴史を動かす主要な力であると見るわけです。

そして、信長評で最も重要な指摘が「合理主義者」です。人間を機能で見る。それでいて非常に直観的で、美しいものが好きであるという、芸術家のような側面を持っていると司馬さんは指摘します。信長は、言語をもって長々と自分の考えや思想を伝えない。こういう人物について、司馬さんはもどかしいのか、よく「彼がもし著述を残していたならば」という表現をしています。

次に秀吉については、明るい人物で、柔軟性に富んでいて、人に好かれる才能を持っているとしています。その一方で、価値観は非常に即物的で形而下である。つまり、大きな城を建てるとか、たくさんの武士を集める、軍勢を集めるといった現実的なことには興味を持つけれども、絵画の美しさなどにはあまり関心がない。おそらく、この時代の庶民が持っていた素直な欲望と明るさを体現した人物として、司馬さんは秀吉を描いています。また、日本人の庶民が持つ能力の高さといったものを秀吉に象徴させていると思います。

家康については「物の上手であっても独創家ではなかった」と述べているように、信長とは対極に置いています。家康は面白味のない現実主義者として描かれることが多く、吝《りん》嗇《しょく》で、辛抱強く、家の存続のためにひたすら忍従していく。要するに、現実の上に立つか立たないかという観点が大事であって、面白さというレベルではものごとを決めない。家康も合理性は持っていますが、信長との違いは、遊び心を抱いているかどうかにあります。

「革命の三段階」とは

さらに三人の違いに踏み込むならば、女性の好みに目を向けてみるとわかりやすいでしょう。司馬さんは、信長は美しいものであれば、男でも女でも何でも好んだ、というように書く。信長にとっては、自分の直感で「美しい」と思えるかどうかが重要で、その女性が子どもを産むかとか、身分が高いかとか、そういったことよりは、自分の頭のなかにある価値観が大事でした。

逆に、秀吉が好んだのは高貴な女です。信長の関係者や公家の娘、旧室町幕府の名門守護大名[*3]の娘ばかりを周りに集めていることから、秀吉が欲しかったのは権力と富と地位という、庶民の欲望の対象であることがわかります。司馬さんは、他人が評価するものを欲しがる人物として秀吉を描いているのかもしれません。

一方で司馬さんは、子どもを産む女をひたすら抱き続けた家康の姿を、即物的な面で価値あるものとして描いています。つまり、女性や子どもを政治の道具として活用し、自己の権力と徳川家の存続を図ることに徹する家康です。信長は「美しい女」、秀吉は「貴き女」、家康は「産む女」を好んだ——という括り方で、司馬さんは三英傑の姿を描ききっているように私は思います。

もうひとつ、社会変革期という視点から別の時代の人物に三英傑を当てはめてみると面白いと思います。幕末の長州で言うならば、まず新しい価値の創出者・予言者としての吉田松陰[*4]が現れ、次に高杉晋作[*5]のような実行家・革命家が現れ、最後にその果実を受け取る山県有朋《やまがたありとも》[*6]のような権力者が生まれる——という三段階です。

三英傑も、まさにこの三段階で近代国家の萌芽《ほうが》をつくり上げました。信長は「天下布武」、すなわち武力で天下を治める政権を打ち立て、中央集権によって日本をくまなく従属させるという思想を生み出しますが、これが松陰の段階に対応します。それを柔軟な思考でもって実行するのが秀吉で、高杉の第二段階に当たる。最後に現実家の家康がそれを治めていくという形で、山県の最終段階に至ります。このように、戦国期から江戸期、そして幕末期から明治期への変革の過程はとてもよく似ています。

じつは、司馬さん自身が『花神《かしん》』のなかで、この「革命の三段階」について語っていますので、それはのちほどご紹介します。

明智光秀という仕掛け

さて、ここからは三英傑が登場する『国盗り物語』の分析を通じて、司馬さんが小説を書く場合のビューポイントに特に着目しながら見ていきたいと思います。

先ほど触れましたように、司馬さんは歴史のダイナミズムをとらえるために、ひとつの仕掛けを用います。主人公は斎藤道三から織田信長へと移っていきますが、そこに美濃——いささか山寄りの、古い慣習が残っている国——から出てきた人物として、明智光秀[*7]という「視点」をつくります。

信長はすさまじい早足で時代を駆け抜けていく。しかし、信長と同じ速さで駆ける人間の視点では、並行して走る車が隣の車を見るように、その速さは実感できません。そこで光秀の目から見た信長、つまり室町幕府的な中世の考え方を引きずった古い視点から、その上を飛び越えて進んでゆく信長の異常さを描き出す、という手法をとったわけです。中世から近世へ突き進む信長と、中世を続けようとする光秀——その対比は秀逸です。

司馬さんは筋骨隆々とした英雄・豪傑ふうの人物には、あまりシンパシーを抱きません。明智光秀や黒田官兵衛[*8]、大村益次郎といった、どちらかと言えば知的な軍師・参謀ふうの人物にビューポイントを置き、その目線から見た権力体を描くのが得意だったと言えます。

トップに立つ信長、秀吉、家康の視点から書かないということは、彼が客観性をとても重視していたことを意味すると思います。それは、昭和前期に権力や国家を客観的に見る視点がなく、日本が国の行く末を誤ったことへの反省から来ているのではないでしょうか。

合理主義者としての信長

信長は、『国盗り物語』でも徹底した合理主義者として描かれます。

「信長には、稀有《けう》な性格がある。人間を機能としてしか見ないことだ。織田軍団を強化し、他国を掠《かす》め、ついには天下を取る、という利《と》ぎすました剣の尖《さき》のようにするどいこの『目的』のためにかれは親類縁者、家来のすべてを凝集しようとしていた」（第三巻）

「能力だけで部下を使い、抜擢《ばってき》し、ときには除外し、ひどいばあいは追放したり殺したりした。すさまじい人事である」（同前）

さらに作中で、信長の使者から敵の毛利の領国である出雲《いずも》と石見《いわみ》（ともに島根県）の二国を与えると同時に、現在の所領である近江と丹波を召し上げる、と聞かされた明智光秀の述懐は、次のように書かれています。

「信長は大工が鑿《のみ》を道具として愛し、鑿を厳選し、かつ鑿の機能に通暁《つうぎょう》し、それをみごとに使いきるようにして家臣をあつかってきた。（中略）光秀のこんにちあるのは信長のその偏執的なまでの道具好みのおかげではあるが」（第四巻）

これは、『この国のかたち』に司馬さんが書いた信長評とも通じるものです。

「信長は、結局、人間を道具として見ていた。道具である以上、鋭利なほうがよく、また使いみちが多様であるほどいい」（一、11「信長と独裁」）

要するに、信長は人間を一人ずつ特性で見るのですが、これは近代社会のひとつの特徴と言えます。一方、光秀のような中世を引きずる「常識人」の世界では、人間を機能ではなく、生まれながらの家柄や所属によって評価します。切れようが切れまいが、鑿の価格は誰がつくったか、どこで生じたものかということで決まる。よい生まれの鑿であれば切れるものだという前提で世の中が回っている社会です。そこに安心や保障、信用がもたらされているわけですが、その最大の要因は天皇制だと私は思います。
ところがこの制度は、非常に柔軟にできていて、周りの鑿を替えながら、その軸の部分だけは所属原理で動いていくという姿をしている。司馬さんの作品を読んでいると、中心になるものを空白で残して、糸巻きのように周りを描いている構造を見ることができるのです。

秀吉はなぜ活躍できたのか

では、『国盗り物語』で秀吉はどのように描かれているでしょうか。司馬さんは、その「人たらし」とも言うべき性情について触れます。

「この男（秀吉）は、人の心を読むことに長《た》けている。名人といっていい」（第三巻）

そして、家臣に苛烈な処遇をする信長に対し、光秀が「おれも、働きに働いたあげく、ついには殺されるだろう」（第四巻）と不安を感じている一方で、秀吉は自分に子どもがいないことを逆手にとり、信長の第四子を養子にもらい跡継ぎにします。

「この点、秀吉はするどく信長の心情を見ぬいていた」（同前）

秀吉は、信長の期待に応えようと真心を込めて仕事に精を出しますが、あまりに才走った働きを見せると、かえって主君信長の嫉妬《しっと》や猜疑心《さいぎしん》を招くことを知っていたと司馬さんは指摘します。

「幼いころから人中《ひとなか》で苦労してきた秀吉は、そういう人情の機微をよく知っている」（第三巻）

さらに秀吉は、毛利を倒して中国地方を征伐できたら、自分はいっさい所領を望まないので、九州に攻め込み、九州征服がなったら、一年だけ支配したのち、九州を返上して朝鮮に攻め入り、恩賞として朝鮮を賜《たまわ》りたい、と信長に言上します。これに対し信長は、「大いに笑い、／『筑前（秀吉）は大気者《たいきもの》ぞ』／といった」（第四巻）としています。

こうした秀吉の評価は、『この国のかたち』の次の記述と響きあうものです。


「秀吉は早くから信長の本質を見ぬいていた。この徹底した唯物家に奉公するために我《が》を捨て、道具としてのみ自分を仕立てた」（一、11「信長と独裁」）


人を道具としてしか見ない信長と、自らを道具として仕立てた秀吉――。だからこそ、この主従関係は円滑に推移し、秀吉は信長のもとで天下統一事業のために身を粉にして働くことができたわけです。

すでに触れたように、秀吉は「人たらし」であったという人物評がよく知られています。「人たらし」という言葉は、井原西鶴の『好色一代男』にも出てきます。『好色一代男』は、元禄期の浮世草紙で、金持ちで美形に生まれたモテモテ男の世之介が、女三七四二人、男七二五人と関係をもったということを書いた作品です。

そこでは「人たらし」という言葉は、「人をだます」「人をたぶらかす」といったマイナス評価の意味合いで使われています。それを司馬さんはプラスの意味合いを持たせて世に広めました。人の気持ち、心情をつかむ秀吉の姿をよくとらえた言葉だと思います。

司馬さんは、秀吉を日本型の組織のなかで階段を駆け上がっていく人物のひとつの典型例として示しました。高度経済成長期の「モーレツ社員」は、その秀吉の姿を自らに重ねて読んだのです。能力が高いだけではなく、明るく人に好かれる好人物が出世していく成功物語として――。

私は、日本社会とはある意味で下剋上を許容した社会なのではないかと思うのですが、それはおそらく、この中世の末期から始まったのではないでしょうか。江戸時代になって強固な身分制度がつくられたけれども、明治維新を機に身分の解放が進んでいく。その背景には、秀吉の出世物語がある気がします。

家康の行動のもとにあるもの

家康については、『国盗り物語』でもやはり非常に狡猾《こうかつ》な人物として表現されています。

強敵の武田氏を倒した信長は、長年の同盟者である家康に対し、わずか駿河《するが》一国を与えただけでしたが、その場面はこうです。

「家康はこの薄賞を不満としない。信長の心情について肚深く考え、大いによろこぶふうを見せ」（第四巻）

家康は家臣を安土に遣《つか》わし、お礼を述べる。つまり、大げさに喜んでみせて、信長を安心させようという配慮をしたわけですが、このように家康は、本当に思っていることを表に出さない韜晦《とうかい》の人物として描かれます。

家康の行動の基本には、自分が生き残るための処世術があります。まさに「陽」の秀吉に対して「陰」の家康です。多弁者と無言者と言ってもいい。実際の家康は家臣の前ではおしゃべりだったかもしれませんが、社会的に影響を与えるという面での家康は多弁ではなかった。司馬さんはそこを切り取るのです。

三英傑の残した影響

以上のように、信長、秀吉、家康は大きな違いを持っていましたが、それぞれの個性が、のちの日本、今日につながる日本人の精神性に影響を及ぼしたのは間違いないと思います。そのことを考えるうえで重要なキーワードは「世俗化」です。

司馬さんは、神仏のような超越的、絶対的な存在を表面的には重んじながらも、実際には自分の利便性でしか考えなくなった日本人の姿を信長に代表させています。しかし、そうした傾向の幾許《いくばく》かはこの時代以降のすべての日本人にある。だから中東や西洋の世界とは違い、日本では一向一揆や島原の乱を最後にして、宗教的な理由で大勢の人が死ぬことはなくなるわけです。つまり、世俗権力が宗教権威に優越しました。

秀吉を見てみましょう。世俗権力である秀吉は、宗教権威である天皇や本願寺を利用するために残しました。家康も室町幕府の過去の残骸を高家《こうけ》*9として自分の幕府のお飾り部品に使って温存しています。

たとえば、正月の始めに徳川家では江戸に参勤している大名たちを大広間に一堂に集め、「四海波静かにて……松こそめでたかりけれ」という謡を能の観阿弥《かんあみ》・世阿弥《ぜあみ》の子孫である観世《かんぜ》家に謡わせ、そこに高家がお酒をついで回るなどの儀礼に使っています。また、高家は天皇や本願寺とのパイプ役にもなりました。

このように実質的には、世俗権力が宗教権威を圧倒して利用するのが、日本の近世です。世俗的であるという点で言えば、この三人は一緒です。ただ信長だけは、正面から中世権威を叩き潰そうとした面があります。

すでに述べたように近年、織田信長はむしろ中世的な旧勢力に近い存在で、じつはそれほど新しい権力ではなかったとする研究も多いのですが、やはり信長のなかにそれまでの武家とは違う、中世を否定するものがあったのは間違いありません。

比叡山の焼き討ちはその一例です。かつて平清盛は京都の祇園《ぎおん》で比叡山の僧兵と衝突し、その過程で僧兵に矢を放ったために大変な抵抗を受けて、一時は失脚しかけます。それでも清盛たちは比叡山の出入口を（陸上封鎖しただけで）焼き討ちすることはできませんでした。信長が登場するに至って、長年武家がタブー視し、アンタッチャブルにしてきた比叡山をようやく焼き討ちできたのです。

ですから、平清盛と織田信長の二人には、新時代をつくる革新者というか、乱暴な力を持った人物という側面が明らかにあったことがうかがえます。銭《ぜに》による経済や流通という点に革新的な頭脳を持っていたことも共通しています。

司馬作品はなぜ売れ続けるのか

司馬さんも比叡山の焼き討ちで僧侶を蛇蝎《だかつ》のごとく嫌う信長の姿を、『国盗り物語』にしっかりと描いています。焼き討ちを命じる信長に対し、旧来の価値観を代表する明智光秀が諫止《かんし》を試みる場面です。比叡山延暦寺の伝統や朝廷の尊崇《そんすう》が厚いことを訴える光秀に、信長は次のように言い放ちます。

「悪人に加担する気か（中略）そういう奴らが国家を鎮護し、王法を冥護《みょうご》し、かつは天子の玉体の御無事を祈禱《きとう》したところで験《げん》のあるはずがないわ」

「（仏にも）罪がある。左様な無頼の坊主どもを眼前に見ていながら仏罰も当てずに七百年このかた過ごしてきたというのは、仏どもの怠慢ではないか。わしはその仏どもに大鉄槌《だいてっつい》をくだしてやるのだ」

「（仏とは）金属《かね》と木で造ったものぞな」
「古きばけものどもを叩《たた》きこわし摺《す》り潰《つぶ》して新しい世を招きよせることこそ、この弾正忠（信長）の大仕事である。そのためには仏も死ね」（以上、第四巻）

これに対して、司馬さんが描く家康は完全なる現実主義者です。中世やそれ以前の古代の権威である天皇や室町幕府を部品として自分の政権に取り込んでいく。その姿は、完全否定を好まない日本人の国民性とも合致します。その結果、司馬さんは最も日本人らしい人物として家康を描いてもいるのです。

でも、やはり司馬文学の面白さは、日本人離れした人物を描いたときに発揮されます。『国盗り物語』の信長はもちろん、坂本龍馬や、日露戦争でロシアのバルチック艦隊を海に沈めた参謀である秋山真之[*10]といった人物は、明らかに旧来の日本人とは異なります。

普通、武士は兜を被るためという名目で、頭頂部を剃って月代《さかやき》をつくり、ちょんまげを結うのですが、坂本龍馬は伸び放題の髪を束ねていました。秋山も同じで、海軍の軍人は服装がきっちりしているのが通常ですが、彼だけは艦内でしばしば服装の乱れがあったとあり、しかし自由な発想で作戦を指揮し、遂に勝利したと言われています。こうしたところだけ見ても、龍馬や真之はやはり普通の日本人ではなかったのでしょう。

彼らを主人公にした『竜馬がゆく』『坂の上の雲』は司馬作品のなかでも代表作として名高く、両書ともに今も売れ続けるベストセラーになっています。

ここで注意していただきたいのは、それを読んでいる大多数の人が、多分に家康のような権力体を生み出す一般的な日本人だということです。従来の権力ともしなやかに折り合うためには、時に我慢も必要です。だからこそ、信長や龍馬のような日本人離れした存在に痛快さを見出すのです。

これは、史実のなかに司馬さんが提供してくれる「自由」と言ってもいいでしょう。「司馬自由」と言うべきでしょうか。司馬作品のなかに日本人は喜びを見出し、自らのなしえない英雄的な活躍に胸を躍《おど》らせ、歴史に遊ぶのです。

日本、日本人の二面性

司馬さんは、信長の残虐性を嫌っていましたが、信長の合理性は好ましく思っていました。『国盗り物語』に描いた比叡山焼き討ちにしても、信長合理主義というものが近世・近代を切り拓くものであったことは評価していたはずです。権威や信仰といったものについて、因果関係の根拠がないのに、それが効くかのごとく語る中世的人間に対する否定体として信長を書いています。

このある種の乱暴者、価値紊乱者《びんらんしゃ》が現れたことで、パンドラの箱が開き、近世・近代の扉が開きました。その地ならしを秀吉がおこない、石高制や軍事国家の基本システムをつくり、それを家康が採用していきます。家康は武田信玄からは軍事制度を学び、関東へ移封《いほう》されたら天領の支配を北条氏に学び、地元の旧家を大事にし、秀吉からは石高制などを取り入れました。司馬さんが、家康は「独創性がない」という理由がここにあります。

でも考えてみれば、日本社会には経路を大事にして激変を好まない傾向があります。「経路依存」という言葉がよく経済史で使われますが、それまでの行きがかりを大事にする人物が最後には天下を取るのが世の常です。ということは、経路を破壊する信長のような人物は淘汰《とうた》されていくという側面も、じつはこの物語には描かれているのです。そう考えると、『国盗り物語』とは、日本社会で上手に生きていくためのヒントを与える文学である、と言えるかもしれません。

この国に、暴力でもって国内を統御するという、中央集権的な権力を信長がつくり上げました。司馬さんがこの物語で描きたかったのは、その後の日本、あるいは日本人の在り方のふたつの側面だと思います。

ひとつは、合理的で明るいリアリズムを持った、何事にもとらわれない正の一面。そしてもうひとつは、権力が過度の忠誠心を下の者に要求し、上意下達で動くという負の一面。信長以降の世俗権力は、そもそも暴力体で、帝《みかど》の権威もなんのそのと利用するのですから、その力が暴走をはじめると失敗するまで止めることができなくなります。天下人＝信長権力体の直系子孫である近代日本の国家には、このように乱暴な恐るべき負の側面がありました。

この二面性を持ったものが天下人、すなわち「公儀」という形で、戦国末期の日本にできあがりました。司馬さんは、自分に拳骨《げんこつ》をぶつけてきた日本陸軍の「先祖」が濃尾平野から生まれてくる過程を『国盗り物語』で描ききったのです。

高度経済成長という時代背景

　昭和の戦後は日本国憲法のもとで、長らくこういった軍事の議論、天皇の議論、宗教の議論を封印してきました。しかし、もう、これらの議論を避けては通れない時代を迎えています。オウム真理教の事件で、宗教の問題があらわになり、湾岸戦争以後、軍事の議論や、日本の安全保障をどうするかについてもわれわれは正面から向き合わざるをえなくなりました。

　これを論じるにあたっては、司馬さんの視点、すなわち国家と軍事力の関係、軍事力の暴走と結末をその発生過程から見ていく視点が大切なものになるでしょう。その意味で、二一世紀に生きる私たちにとって、この『国盗り物語』は非常に示唆的な文学であると思うのです。

　そしてまた、この作品が書かれたときの時代状況を考えることも大切です。『国盗り物語』が雑誌に連載されたのは一九六三～六六年、まさに高度経済成長の時代でした。この時期に働いていたのは復員軍人を中心とする人たちです。彼らが新しい国家をつくるために一生懸命働いているときに、この物語が世に出てきたのです。

国を失った人々が、もう一度国を獲得していくその展開に、読者は非常にシンパシーを感じたのではないかと思います。しかも豊かになっていく過程であり、戦前にあった非合理なものは否定され、大衆社会になっていく。『国盗り物語』が国民に浸透したのは至極当然と言えるでしょう。

このころは、まだ旧時代の価値観を共有している人たちがいる一方で、そうした価値観からの乖離《かいり》も始まっていました。農村から都市へ大量に人が移動し、都市にたくさんの人が移住した。私は、この時代の日本人が大きく「移動」したことを注視すべきだと思います。「国盗り」とは、天下取りのためにどんどん移住していく人々の物語です。人々が移住することによって新しい時代をつくる。新領国を獲得することによって新しい世界を獲得する物語に、多くの新・都市民が自分の境遇を重ねたのです。

さらに言えば、高度経済成長というのは、会社にとっても個人にとっても競合の時代です。学歴社会とは、学歴だけですべてが決まってしまうという差別的な印象がありますが、逆に言えば、学歴があれば誰でも出世できるという自由競争を体現した言葉でもあります。まだ旧制高校があった時代は、その供給源は官吏、教員、地主、寺社、豪商の家族ぐらいでした。

しかし都市化が進むと、普通のサラリーマンや商店主というような人々の子弟も、この受験戦争に参入してきます。大衆社会の到来です。しかも会社の規模が大きくなっているので、大学を出ればきっちりと会社の職が提供されるようになりました。個人にとっても、成功の物語がある程度は用意されていた。そうした時代背景も、出世物語としての『国盗り物語』が大衆の支持を集めた重要な要因でした。

＊1 **『国盗り物語』** 新潮社／新潮文庫／全四巻 戦国時代に一介の油売りからのしあがった斎藤道三（一四九四?～一五五六）が国盗りを目指す前編（一、二巻）と、道三の娘婿・織田信長（一五三四～八二）が天下布武を目指す後編（三、四巻）から成る。中世の旧秩序を破壊して近世の新時代を切り開いた英傑の物語。初出は一九六三年八月一一日号～六六年六月一二日号の「サンデー毎日」に連載。

＊2 **『この国のかたち』** 文藝春秋／文春文庫／全六巻 司馬が最晩年の一〇年にわたって、日本国の成り立ちを考察した一二一編のエッセイ（121は未完）。初出は一九八六年三月号～九六

年四月号の「文藝春秋」に連載。

*3 **守護大名** 室町時代の守護は幕府の地方支配の機関でもあったが、鎌倉時代に比べると領国支配の権限がはるかに強化され、将軍の継嗣選定などでも発言権を持った。島津・今川・武田氏のように戦国大名に転化できたものもあったが、多くは下剋上の争いのなかで没落していった。

*4 **吉田松陰** 一八三〇～五九。幕末の尊王思想家・長州藩士。長崎・江戸に遊学し、兵学を学ぶ。ペリー再来航に際して密航を企てたが、失敗して入獄。山口萩に松下村塾を開き、高杉晋作、久坂玄瑞、伊藤博文ら幕末の志士を育成。安政の大獄で刑死した。

*5 **高杉晋作** 一八三九～六七。幕末の長州藩士。一八六四年の四ヶ国連合艦隊の襲来に備えて、身分制にとらわれない奇兵隊を創設。藩論を倒幕に転換し、第二次長州征討では小倉口で幕府軍を撃退した。

*6 **山県有朋** 一八三八～一九二二。明治・大正期の軍人・政治家。長州藩出身。松下村塾に学ぶ。維新後は欧州を視察し、徴兵制を施行。初代参謀本部長となる。政府の要職を歴任し、貴族院と官僚の勢力を結集して二度組閣。

*7 **明智光秀** 一五二八？～八二。戦国・安土桃山時代の武将。織田信長に重用されたが謀反を決意し、京都本能寺にいる信長を急襲、自害させた。まもなく山崎の戦いで羽柴（豊臣）秀吉に敗れ、敗走中に百姓に襲われ自害。

＊8 **黒田官兵衛**　一五四六〜一六〇四。黒田孝高。官兵衛は通称。号は如水。安土桃山時代の武将。織田信長に仕えたのち、羽柴秀吉の側近として活躍。備中高松城の水攻めで知られる。秀吉の死後、関ヶ原の戦いでは加藤清正とともに九州の西軍を攻撃した。

＊9 **高家**　老中の支配下に置かれた江戸幕府の役職名、またはその役職につく家柄。畠山・吉良・今川など、室町幕府以来の名家の子孫が世襲し、勅使接待や日光東照宮代参など、幕府の儀式典礼をつかさどった。家禄は大名より低いものの、官位は大名に準じた。

＊10 **秋山真之**　一八六八〜一九一八。明治・大正期の海軍軍人（中将）。松山藩出身。米国に留学し、米西戦争を観戦。日露戦争で東郷平八郎司令長官のもと、連合艦隊の作戦参謀。海軍の兵学家として知られた。

第二章　幕末という大転換点

なぜ脇役・敗者を描くのか

時代の大きな転換期を描いた司馬遼太郎さんは、戦国時代と並んで幕末の作品もたくさん手がけています。このふたつの時代を取り上げる理由は、たんに戦争が多いからではありません。戦争はあくまでも結果です。

人間の歴史というのは、激しく動いていく変動期と、一度つくられたシステムが長く続く静穏期の繰り返しです。活動期と平穏期を繰り返す地震とよく似ています。前の活動期が戦国時代で、次の活動期が幕末である。中世を壊して新たに近世＝江戸時代ができてくる時期が「戦国」であり、江戸時代を壊して近代＝明治時代ができてくる時期が「幕末」ですから、「動態の作家」である司馬さんがこの激動期を見たい、人に語りたいというのは当然のことなのです。

序章で、「着眼大局、着手小局」の話をしましたが、司馬さんが好んで取り上げる人物は、その人物に焦点を合わせることで時代の大きな流れを描ける人物です。なおかつ読者の共感が得られる人物でなくてはならない。そして司馬さんのように人物と歴史の両方をリアルに描く作家にとっては、その人物について語る史料が残っているという点も重要です。

以上の三つの要素にさらに加えるならば、権力そのものと言える人物ではなく、権力に近いけれどもその脇にいる人物、権力の脇役とでも言うべき人物を描くのも、司馬さんならではのことと言えると思います。

代表的なのは、土佐出身の浪人が時代の変革を成し遂げてゆく物語、『竜馬がゆく』[*1]の坂本龍馬です。そして幕府の側として生きた新選組の物語である『燃えよ剣』[*2]の土方歳三《ひじかたとしぞう》、明治という近代国家をつくる群像劇として薩摩を取り上げた『翔ぶが如く』[*3]の西郷隆盛と大久保利通、近代をつくる最初の動きとして長州を取り上げた『世に棲む日日』[*4]の吉田松陰といった人物です。

この時代を描く他の作家と比較して司馬さんの際立つ特徴は、一般に倒幕側とされている人物と、佐幕と色分けされている側の人物の両方を描いていることです。この両者を描く作家は、じつは意外に少ない。司馬さんは、前章で触れた『国盗り物語』における明智光秀のように、滅びていく社会体制の側の視点を作品に込めることがあります。幕末を扱った作品にも、やはり敗者の側の人物を主人公に据えたものがある。ひとつは「王城の護衛者」[*5]で、その主人公は会津藩主の松平容保《かたもり》です。あるいは長岡藩の河井継之助《つぎのすけ》を描いた

『峠』[*6]があります。

時代の動態を描くのであれば、時代を動かした側、つまり幕府を倒した薩長側の人間を描くのが自然かもしれませんが、司馬さんはもう一段階深いところで、この時代を見ていたようです。河井継之助は、非常に近代的な思考を持った人物ですが、置かれた環境の事情もあり、時代を動かしてゆくという「近代化」の波に乗れずに、時代に飲み込まれていった存在です。

司馬さんは、敗れた側でも、状況次第では時代を動かす側に回り、近代日本をつくり上げるのに大きな役割を果たしたであろう人物を見出し、その可能性を描き出す作家でした。

明治維新とは何だったか

そんな司馬さんが真骨頂を発揮したのが『花神』[*7]です。私は、司馬遼太郎全作品のなかでこの作品こそが最高傑作である、と思っています。

主人公の大村益次郎（もとの名は村田蔵六）は、長州藩の村医者の子として生まれながら蘭学・洋学・兵学などを学び、やがて新政府軍を率いて戊辰《ぼしん》戦争を勝利に導いた人物です。

維新後は軍制改革に携わり、事実上、明治国家の陸軍の基礎をつくり上げました。しかし、国民皆兵を目指す大村の急進的な改革に不満を持つ元長州藩士らのテロによって命を落としてしまいます。

司馬さんは『花神』のなかで、この大村の視点を通して、江戸時代を明治にしたものは何かについて探究しました。

明治維新とは、軍事的な視点から見れば、少々大げさかもしれませんが、火縄銃と鎧《よろい》武者の軍隊が、西洋式のライフル銃とライフル砲（アームストロング砲）まで備えた軍隊に駆《く》逐《ちく》されてゆく過程でした。ちなみにライフル銃・ライフル砲とは銃身や砲身の円筒内に螺《ら》旋《せん》状の溝が彫られ、弾が回転しながら飛び出すため、旧式の銃や砲よりも射撃の精度や射程距離、殺傷力が飛躍的に伸びるという特徴がありました。

特にアームストロング砲の威力は絶大です。これはイギリスのW・G・アームストロングが一八五五年に開発した、後ろから弾を入れるライフル砲ですが、アメリカの南北戦争のみならず、日本の戊辰戦争でも使用されました。上野の寛永寺に立て籠《こも》った彰義隊を壊滅させた砲として、司馬さんも「アームストロング砲」（『小説現代』一九六五年九月）という小説を書いています。

この砲を戊辰戦争に持ち込んだのは、当時、日本国内の軍事技術では最も高いレベルにあった佐賀藩でした。佐賀藩はその一門である武雄《たけお》というところの兵を戊辰戦争に投入しましたが、この武雄兵や佐賀藩が持つ砲の威力で、戊辰戦争は戦線が膠着《こうちゃく》せず、人口三五〇〇万人の大国の内戦にしては短期間で決着がつきました。さしもの会津藩兵が籠る若松城も、佐賀藩兵の砲撃でボロボロになり、ついに開城したわけです。戊辰戦争における佐賀藩兵の死傷率は、これら連発式のライフル銃と、鉄製のライフル砲を持っていたために、やはり低いものでした。

このように、西洋式の軍隊を持つ人々が明治新政府をうちたて、陸海軍を創出しました。そして、これを維持するために全国統一の法令と君主を戴《いただ》き、徴兵制を布《し》いて、すべての男子が国軍に参加するという「国民国家」をつくり上げます。

当時、世界的に見れば、国民国家への移行は時代の風潮で、それができない国は植民地になるというのが国際情勢の現実でした。国民国家になるか植民地になるか、そのふたつしか選択肢はありませんでした。つまり、日本がそうした流れに編入されてゆくなかで、歴史を動かしたのは、軍を近代化＝西洋化した人物、すなわち大村益次郎だったというわけです。

革命が腐敗を始めるとき

司馬さんは、大村を「技術者」と表現しています。『花神』のなかで、司馬さん特有の「余談ながら」で始まる重要なくだりがあるので、少々長いですが紹介しましょう。前章で触れた「革命の三段階」にも関係してくる部分です。

「さて余談ながら、この小説は大変革期というか、革命期というか、そういう時期に登場する『技術』とはどういう意味があるかということが、主題のようなものである。大革命というものは、最初に思想家があらわれて非業の死をとげる。日本では吉田松陰のようなものであろう。ついで戦略家の時代に入る。日本では高杉晋作、西郷隆盛のような存在でこれまた天寿をまっとうしない。三番目に登場するのが、技術者である。この技術というのは科学技術であってもいいし、法制技術、あるいは蔵六（大

村）が後年担当したような軍事技術であってもいい」（上巻）

長州の陸軍で言えば、第一段階の予言者が吉田松陰、二段階の実行家が高杉晋作、そして最後に、明治二年（一八六九）に亡くなった大村益次郎の後を継いで革命の果実を受け取るのが、陸軍の元帥となる山県有朋です。

山県有朋が長期間にわたって陸軍はもちろん、政官界にも君臨したのはご承知のとおりでしょう。日本陸軍の基礎を築いた山県の師にあたる大村にスポットを当て、時代の変革を描くのに成功した作品がこの『花神』なのです。

重要なのは、革命には最初に理想主義を掲げる予言者が現れ、次に革命の実行家が現れ、最後に、その革命の果実を受け取る権力者が生まれるのですが、そのときにはもうすでに革命は腐敗が始まるということです。

山県の権力が腐敗を始めた瞬間は、この革命に参加した高杉晋作がつくった奇兵隊の元隊士、三浦梧楼《ごろう》陸軍中将の回想によく表れています。三浦は戊辰戦争の最中、あるとき、山県のいる本営に給料を受け取りに行きました。すると山県は三浦に少ない給料を渡してくれたのですが、もうひとつ、交通費のように、旅費として袋を渡してくれたのです。三浦は、もうひとつの旅費のほうの封筒を開けてみると、びっくりするような大金が入っていて、この瞬間に自分たちのやっていることがだんだん変質してきていることに気づいた、と記しています。

創作活動の原点にあるもの

司馬さんは、第二次世界大戦のときに徴兵されて陸軍に配属となり、中国東北部の満州に渡りました。そのときの体験について、『この国のかたち』に次のように記しています。

「私は、ソ連の参戦が早ければ、（中略）ソ連製の徹甲弾で戦車を串刺《くしざ》しにされて死んでいたはずである」（一、4「〝統帥権〟の無限性」）

そして、その四、五年前に同じ満州で起きたある事件について、絶えず考えを巡らせていました。ついに昭和期の小説を書くことのなかった司馬さんが、幾度も取材を重ねてい

ノモンハン事件最大の激戦地となったハルハ河を渡るBT−7戦車（写真提供：朝日新聞社）

たのが「ノモンハン事件」です。

この事件は一九三九年の五月から九月にかけて起こった、日本が大陸に派遣している関東軍と、ソ連・モンゴル連合軍との軍事衝突です。この戦いで、最強と言われた関東軍は死傷者七〇パーセント以上という大敗北を喫します。なかでもソ連のＢＴ戦車は、攻撃力と防御力において、日本の戦車を凌駕《りょうが》していました。

「ノモンハン当時、日本の八九式中戦車や九七式中戦車[*8]がこれを射ってもタドン玉を投げつけたほどの効果しかなかったが、むこうの弾はこちらをやすやすと

つらぬいた」（同前）

「司馬遼太郎さんは戦車隊の元将校でしたから、戦車の性能については考えがあったのでしょう。日本の陸軍は満州事変以後、機械化部隊、つまり戦車や装甲車の編成を進めましたが、戦車と戦車が戦うという戦争を想定していないため、戦車の装甲や性能において、致命的な欠陥を持った戦車を配備しました。あるいは、その不都合な事実に気づいていたものの、深く考えないようにしていたのかもしれません。

なぜ当時の陸軍では、このような不合理がまかり通ったのか。「深く考えない」という日本的習慣はなぜ成立するのか。明治時代の日本の軍隊は常に新しい、強力な武器をもって相手を圧倒する精神があったかもしれないのに、いつから日本は、そのような国になってしまったのか。これらの問いこそが、司馬さんの創作活動の原点でした。

生命の危険から発せられた疑問

実際、明治時代の日本の軍隊は、武器にしても銃ならば村田銃、有坂銃、火薬なら下瀬火薬というように、最新の一番いいものを開発したり、手に入れたりして戦おうとしていました。ところが恐ろしいことに、その装備のままほとんどモデルチェンジをせずに、敗戦まで行ってしまった。そのころには相手側はもうジェット機とか核兵器とか、ものすごい武器を開発していたわけです。

私は教え子の一人が自衛隊に入ったときに、こう言ったことを思い出します。「日本の軍隊は伝統的に物事がいつまでも同じかたちであり続けると思いやすい。過去の歴史を振り返ると、軍事組織というのは入ったときはトヨタ自動車という会社でも、定年どころか、勤めているほんの数年、数十年の間に、全日空や日本航空みたいな航空会社に自然になっているような世界である」と。

第一次大戦を考えてみれば、最初は歩兵の戦いだったのに、ほんの数年の間に戦車が登場し、気球で偵察していたものが複葉機の空中戦闘にまでつながっていくような変化が起こりました。だからこそ、軍事組織に入った以上、変化に対応できる柔軟な頭を持っていないといけないのですが、歴史家の私から見れば、そういう人がほとんどいないことがとても不思議なのです。

いずれにしても、若き日の司馬さんを「走る棺桶《かんおけ》」とでも言うべき戦車に乗せた日本陸軍――それをつくったのが大村益次郎ですが、司馬さんは自らの生命の危険から発した大きな課題に挑むために、『花神』を書いたと言えるでしょう。この作品を書くときのモチベーションがいかに高かったかがうかがえると思います。

私の場合、多くの歴史小説や時代小説は、読み進むほどに、自分がこれまで見てきた史料が描く歴史との間の差がどんどん広がっていくのが常です。つまり、現実の歴史と違うことばかりが目についてきて、リアリティが感じられなくなる。しかし、『花神』は違いました。

私は大村の実家に残っていた襖《ふすま》の裏貼りまで調査に行って見てきましたが、司馬さんが描く大村像と、私が大村の一次史料を見て得た結論とが、読めば読むほど接近してくる不思議な体験をしたのです。それほど司馬さんが描く大村の姿は、現実の大村像に近い。大村は非常に特徴的な人物でしたから、確かに似顔絵を描きやすかったとは思います。歴史上の人物を、その実像に限りなく近く描くという意味でも、『花神』は優れた作品です。司馬文学の真髄とも言うべきこの作品を、ぜひ読んでほしいと思います。

織田信長から大村益次郎へ

では、司馬さんが大村益次郎の人物像について、どのように語っているかを見てみましょう。

「無口な上に無愛想で、たとえば上野の山の攻囲戦のとき、最激戦地と予想される黒門口の攻撃を薩軍にわりあてた。軍議の席上、西郷があきれて、『薩軍をみな殺しになさる気か』と問うと、『そうです』と答えたという」（『この国のかたち』四、80「招魂」）

「大村は、農民の出でもあって、諸藩の士がもつ藩意識には鈍感で、むしろ新国家の敵と心得ていた。／武士をさえ、尊敬しなかった」（同前）

ここで描かれているのは、大村の、信長をさらに発展させたような合理主義です。身分制度にも大して興味がなく、便利であれば、既存の価値を捨ててすぐに新しいほうに乗り換える。高度経済成長期の一九六〇年代から七〇年代にかけて、復員軍人をはじめ戦争体験のある世代には、こうした大村の在り方への共感はとても強かったと思います。

解剖学者の養老孟司さんが次のようなことをおっしゃっていました。日本人というのは、とにかく戦争で目に見えない「思想」というものに痛めつけられた。神州《しんしゅう》不滅《ふめつ》――日本は神の国だとか、七生報国《しちしょうほうこく》――七回生まれ変わっても国に尽くすといった思想をさんざん吹き込まれ、ひどい目に遭った。だから、ちゃんと目に見える、即物的なものを強く信じる合理的な世代が生じて、高度経済成長期のときに一気に物質文明に向かったのだ――と。

非常に説得力のある指摘だと思います。司馬さんもその一人だったのかもしれません。司馬さん自身が、敵味方の戦力の差や戦車や軍艦の性能を比較して論じるのではなく、「精神力で突撃せよ」という非合理的な精神論で戦車に乗せられ、九死に一生を得たわけです。であればこそ、即物合理主義を訴える必要と、それを重んじる哲学を抱くに至ったのです。その体現者として、司馬さんは大村益次郎に出会いました。

非合理的な組織と化した日本陸軍をつくった非常に合理的な人物との邂逅《かいこう》――。それが

『花神』という傑作を生み出した原動力だと私は思います。

「組織は変質する」という歴史観

司馬さんは、「自分たちは井伊家の軍隊のようであった」と語っています。敵の弾の標的にしかならないような派手な「赤備《あかぞな》え」の甲冑《かっちゅう》を着て、密集陣形でゆっくりと進んで行くイメージです。

赤備えというのは、もともと甲斐の武田軍のなかにあったとされるもので、武田家の軍勢が滅ぼされてからも、その強さにあやかって、武田の系列を引く真田信繁《のぶしげ》などの軍や、徳川家の斬り込み隊にあたる井伊家などがこれを採用しました。

井伊家は、天下の徳川家の先陣を務めるわけですから、この赤備えこそが江戸時代における武士世界の価値の頂点にあったと言っていいでしょう。要するに、日本中の武士の間に、井伊の赤備えのような武士になれたらいいなあという気分が蔓延していたわけです。

しかし徳川家が長州藩を攻めた第二次長州征伐で、この井伊の赤備えの軍隊は、近代的な西洋式の銃の前に大敗を喫してしまいます。戦国の武者行列が射程五〇〇メートルもあるミニライフルの前に進んでいっても、槍と火縄銃と弓しか持っていませんので、合理的な西洋式の軍隊に勝てるわけがないのです。

先ほども述べたように、合理主義の権化《ごんげ》である大村がつくったもともとの日本陸軍は、必ずしもそうではなかったはずです。陸軍がその誕生時には持っていたはずの合理性はどこへ行ったのだ――という怒りとともに、司馬さんは『花神』を描いたのでしょう。

「組織は変質する」というのは、司馬さんの重要な歴史観のひとつです。最初は理想があるけれども、だんだん老化して、おかしなことをおこない始めるという、古今東西、あらゆる組織や人物に言えることです。時代も同じように、だんだん変質してくる。その変質を歴史の動態、ダイナミズムとして、ここに表現したのだと思います。

時代を変革した合理主義者

司馬さんは、『花神』のあとがきにこう書いています。

「要するに蔵六（大村）は、どこにでもころがっている平凡な人物であった。／た

だほんのわずか普通人、とくに他の日本人とちがっているところは、合理主義の信徒だったということである」（下巻）

大村が宇和島《うわじま》藩の依頼で国産蒸気船をつくり上げたときのこと。藩主・伊達宗城《むねなり》を乗せた試験運転の際、船が進み始めたことに興奮した家老の松根図書《ずしょ》が語りかけます。

「『村田、進んでいるではないか』／と、ふりかえって叫んだ。が、蔵六は悪いくせが出た。／『進むのは、あたりまえです』／これには松根もむっとしたらしい」（上巻）

大村の合理主義は、ときに人の神経を逆撫でするようなところがある。しかし司馬さんは、そんな大村の、他者と軋轢《あつれき》を生みかねない「他の日本人とちがっているところ」を書くことによって、合理主義者が時代を変革する力を描き出すのです。変動期には大村のような合理主義的な人物が登場して日本を導くが、静穏期に入ると日本人はとたんに合理主義を捨て去る。この繰り返しであることを、司馬さんは言外に訴えています。

大村は、その徹底した合理主義でもって時代を動かすリーダーとなりえました。もうひとつ、リーダーシップに欠かせない要素が「無私の精神」、つまり自分を勘定に入れない客観性です。しかし、この客観性というものは、一面で共感性や情緒の欠如をもたらします。

このふたつが欠けていては「いびつ」な人間と言えますが、そのような人物でなくして、合理性を失った日本社会を変革させることはできない。それは、残虐な信長でなければ、戦国期の日本社会を変えられなかったことと同じです。日本人のある種の病根の深さをうかがい知ることができます。

大村益次郎は、「思想」から大きく距離をとった人物でした。現実的にそれが効くか効かないか、便利か不便かということだけでものごとを判断する。そうしたリアリズムや合理性というものが、最終的に勝利を収める、時代を動かすと司馬さんはとらえたのだと思います。

七〇年安保と三島由紀夫

『花神』が新聞に連載された一九六九年から七一年は、七〇年安保闘争の時代です。司馬さんは「思想」に殉《じゅん》じた人物を作品に登場させます。言わば、大村益次郎の対極に位置する人間で、長州藩の、江戸時代の硬直した思想を引きずっている者として、池田屋事件*9の吉田稔麿《としまろ》や蛤《はまぐり》御門《ごもん》の変*10（禁門の変）の久坂玄瑞《げんずい》、またそれを思想的に支えた久留米藩の真木和泉《いずみ》などの姿を描いていています。

吉田稔麿は長州藩の志士で、同志たちが池田屋で襲われていると聞いて、そこに単身飛び込み、斬り死にしてしまいます。久坂玄瑞も、イケメンで剣術も上手な秀才中の秀才でしたが、非現実的な蛤御門の変に加わったために討ち死にしてしまいます。彼らの理論的指導者になっていた真木和泉は、河童を祀《まつ》っている久留米の水天宮の神主でした。

真木の考えは、天皇を大事に思っている志士が集まり、天皇を御所のなかから、その有《う》象《ぞう》無《む》象《ぞう》の志士たちがまつりあげて、大和国へと運び出し、吉野の山に立て籠って、幕府と戦うと同時に、外国軍とも戦闘を始めるという、狂気に近いものでした。

つまり、どの藩の背景も持たない自由参加の、ボランタリーの志士たちの寄せ集めの軍事力で、幕府と西洋軍と同時に戦うというのですから、いかに現実よりも思想を重んじていた人々であったのかがわかります。昭和の時代になって、アメリカ、中国、イギリス、オランダ、最後にはソ連とまで、事を構えるほどになってしまった日本の姿がオーバーラップされてくるようです。

さらに連載只中の昭和四五年（一九七〇）一一月には、三島由紀夫[*11]の自決がありました。三島は、あまりにも思想に生きなくなった日本人に対してアンチテーゼを投げかけた人でした。それを横目で見ながら司馬さんは、思想と相容れない大村益次郎という人物を描いていたわけです。

司馬さんは、三島由紀夫の自決について同情的なことは書いていません。もしかしたら、ひとつの思想に傾いていくことに対する警鐘の意味を『花神』に込めていたのかもしれません。「思想は人間を酩酊《めいてい》させる」「日本人の酩酊体質」という表現をよく用いました。

日本人は、「いつも思想はそとからくるものだ」（『この国のかたち』一、1「この国のかたち」）と思っていて、それをまつりあげて、いつのまにか集団で幻想を見る。そして、思想に酔ったその集団をひとつの方向に引っ張ると、とんでもない方向に走っていく——そうした危険性を、司馬さんは痛感していたように思います。

医者に向けられたまなざし

大村はもともと村医者の子に生まれました。ところが、武士の世界に合理主義者がいない。そこで彼が、最先端の蘭学や兵学を学び、ついには日本の陸軍をつくるという大仕事をやってのけたのです。その合理主義や科学的精神は、医者であったこととも関係があるかもしれません。

司馬さんは、大村の他にも緒方洪庵《こうあん》*12や松本良順《りょうじゅん》といった医者に対しては非常に温かい目を向けています。松本は今の順天堂のもとをつくった人物で、それまでの医者が薬何袋でいくらというふうに報酬をもらっていたのに対して、どんな手術はいくらというふうに、処置ごとに点数を決めて、診療費を取ることをシステム的に始めました。

この時代の蘭方医は本当に偉いのです。緒方も、松本もほとんど持ち出しでたくさんの弟子を育て、さらには天然痘《とう》を撲滅するための種痘も、お金に代えようとすれば大儲けができたはずなのに、それをせず、人を助けるために役立てるシステムをつくっていきまし

緒方洪庵が開いた私塾「適塾」の建物は、当時の面影を残したまま、現在は国重要文化財として一般公開されている（写真提供：朝日新聞社）

た。

余談を言えば、最も偉かったのは緒方洪庵の奥さん、八重《やえ》だったかもしれません。七男六女、一三人の子どもを産み、育てながら、緒方洪庵が大坂に開いた適塾《てきじゅく》の暴れ者の塾生たちの世話をしていました。そのなかには、もちろん福沢諭吉[*13]、大村益次郎、松本良順らが含まれています。

『花神』のなかで、緒方洪庵の『医戒』を大村が暗唱する場面があります。

「医師がこの世に存在している意義は、ひとすじに他人のためであり、自分自身のためではない。これが、この

業の本旨である。ただおのれをすてて人を救わんことをのみ希《ねが》うべし」（上巻）

人の命を救うという面で合理主義が発揮される医者の姿に、本来の人間の崇高さのようなものを司馬さんは感じ取っていたのだと思います。

幕末に見た昭和陸軍の原型

司馬さんが描きたかったリーダー像というのは、国を誤らせない、集団を誤らせない、個人を不幸にしない、ということに尽きると思います。その対極にあるのが、過去からの伝統にとらわれて一歩も出られない人物や組織の在り方であり、合理主義とは相容れない偏狭な「思想」にかぶれて、仲間内だけでしか通用しない異常な行動を平気でとってしまう人や集団です。

たとえば、長州藩で言うと、「狂」の一字が象徴的です。自分たちのイデオロギッシュな行動を「狂挙」と謳《うた》い、楠木正成の湊川《みなとがわ》の故事などを持ちだして自らと重ねて自己陶酔する。挙句に泣きながら「勤王をやる」と言いだす。この楠木の湊川の故事には説明が必要でしょう。

一三三六年、後醍醐天皇を守る楠木正成は、九州から大軍を率いて都へ攻め上ってくる足利尊氏と戦うことを強いられます。足利軍は山陽道を神戸方向に向かって、大軍で陸路を向かうと同時に、瀬戸内海の海上には兵を満載した海軍をもってやってきました。

ところが、後醍醐天皇の周りにいる側近たちは少ない兵しか集まらぬ楠木たちに、兵は国の門の外で防ぐものであり、神戸付近の湊川まで進出して、これを防ぐべきだと言います。それは無理なので、楠木正成は京都に一旦この大軍を引き入れて、比叡山を中心とする東山、西山などの山岳地帯を占領し、ゲリラ戦でもって相手を疲弊《ひへい》させる作戦で撃退しようとしますが、都を捨てるなどという意見は通りません。結局、楠木正成は死を覚悟して、湊川の戦場に赴《おもむ》き、予想どおり大敗するのですが、死んだとしても七度生まれ変わって南朝方に忠義を尽くすと述べたと伝わっています。

日本人のなかには、勝敗や結果は関係なく、忠義の思想・動機が大事だというような情緒に素直に感動する人がいて、後々までこの故事が賞賛されることになります。

この時の長州藩も同じで、勝敗が覚束《おぼつか》ないという話になると、最後には泣きながら、勤王をやると言い出すような藩風がありました。それが結果として蛤御門の変を引き起こし、天皇を守るどころか、京都市中の二万八〇〇〇戸あまりが焼失する大火を引き起こし、天皇に嫌われ、朝敵にされてしまうのです。司馬さんはこのときの長州の「思想」や「ドグマ」に偏重した組織の在り方、精神性に、のちの昭和の陸軍の原型を見ていた気がします。

坂本龍馬はいかに「発見」されたか

この動きを一気に変え、合理主義でもって時代を変革したのは武士ではなく、大村のような村医者であり、奇兵隊に象徴される諸隊に参加した庶民でした。したがって、司馬さんが考える「歴史を動かす人間」とは、思想で純粋培養された人ではなく、医者のような合理主義と使命感を持ち、「無私」の姿勢で組織を引っ張ることのできる人物だったと言えます。

その根っこには、「思想」や「ドグマ」を掲げて合理主義を見失い、国を危機に陥らせ、自分たちを戦場に送り出した人々への反発、反省というものがあったと思うのです。

すでに触れたように、司馬さんは権力そのものについてはあまり書こうとしませんでした。歴史ではなく権力史になってしまい、客観性を保てなくなってしまうからでしょう。薩長出身で明治の顕官《けんかん》（地位の高い官職）となった人物を取り上げることには抵抗を感じていたと、いろいろなところで書いています。『坂の上の雲』で日露戦争を描くときも、いわゆる「賊軍」藩出身ながら連合艦隊の作戦参謀を担当した秋山真之や、その兄で騎兵旅団長を務めた好古《よしふる》＊14といった人物をメインに取り上げる。

戦後のある時期までは、あまり有名ではなかった坂本龍馬を「発見」し「宣揚」したのも、そんな司馬さんならではです。坂本龍馬は決して無名の志士ではありませんでしたが、明治に生き残った元勲たちが目立っていくなかで、ある程度忘れられていた存在だったのは間違いありません。日露戦争のころにバルチック艦隊との戦いを心配する明治天皇の皇后、昭憲《しょうけん》皇太后の枕元に突然現れて、戦いは大丈夫だなどということを言って夢から消えた志士風の男がいたという話があり、それがきっと坂本龍馬だというのが、ある程度の人たちに知られていただけで、龍馬は戦後社会で一般的にはそれほど知られた存在ではなかったのです。

しかし、明治維新の史料を見ていると歴史の重要な結節点に次々と現れるのが、この龍馬であることに司馬さんは気づいたのでしょう。また龍馬はたくさんの楽しい手紙を残しているので、小説として人物造形が容易にできると考えたのかもしれません。いずれにしても、司馬さんが小説を書いたことで、龍馬は国民的英雄へとなっていきました。

その意味では、大村益次郎を見出したのも、司馬さんと言っていいかもしれません。敗戦から立ち上がって経済の高度成長を維持し続けていた当時の日本人は、自分たちが新しい歴史をつくり出しているという実感を抱いていたはずです。

また、そのころは社会移動も激しい時代でしたから、一介の素浪人——江戸時代の身分制の価値で言えば一顧《いっこ》だにされない出身の人物——が新しい時代を切り開いていく『竜馬がゆく』や、身分制度の最上位にあぐらをかいていた武士の時代そのものが、剣道も学んだことのない村医者の合理的な戦略・戦術によって、いとも簡単に崩されていくという『花神』の話は、戦後の日本人の心に大きく響いたことでしょう。

司馬さんにとっても、史料や回想録が豊富に残っていたことで、この両書では思う存分に腕をふるえたのではないかと思います。

幕末の風景からわかること

村医者出身の大村益次郎が、長州藩という大藩の軍事責任者になり、やがては日本陸軍の創立者となるという物語は、平社員が特命担当部署をつくって会社を救い、担当重役になって組織を再生させていく物語のように読むことができます。

時代が変わっていくときには、組織体や国家が大きく変わることがありますが、その変革の「技術」がどこに転がっているかはわからず、それを自分が担う可能性もあるということが高度経済成長期の姿なのではないでしょうか。だからこそ、当時の読者は『花神』に強く共感できたのではないかと思います。

痛快なのは、四境《しきょう》戦争のときのことです。四境戦争というのは長州側の言い方で、幕府側からは長州征伐と呼んでいます。都まで攻め上ってきて、御所へ発砲した長州藩を朝敵として、幕府は一〇万の大軍で長州藩を取り囲み、攻めたのですが、それに対抗して長州は四つの国境の入口、大島口、芸州《げいしゅう》口、石州《せきしゅう》口、小倉《こくら》口で幕府軍を迎え撃ち、各地で打ち破りました。

しかし、戦争には勝ったものの、長州藩の武士たちはここで弱さを露呈《ろてい》してしまいます。

大村益次郎の死後に画家キヨッソーネが関係者の証言をもとに描いた肖像画（国立国会図書館蔵）

いばっていた長州藩の武士たちが、四境戦争において幕府軍に取り囲まれたときに、何ら、なすすべがなかった一方で、鎧はおろか軍服も着ずに、腰に渋団扇《しぶうちわ》を差して、お供の者に長い竹梯子《たけばしご》を持たせていく奇妙な顔をした医者――つまり大村益次郎が大活躍したという事実です。

戦場で指揮をするとき、大村益次郎は、夏だったこともあり、浴衣に百姓笠でした。大村は合理主義者ですから、夏の暑いときに鎧などを着て体力を消耗するのは、不合理で無駄だと思ったのでしょう。一方、火縄銃であれば、ある程度鎧で弾丸を防ぐこともできますが、このころは徐々に西洋式の銃に切り替わっていた時期で、鎧を着ていると当たった弾が鎧の破片を体内に散らばらせるため、かえって命の危険になります。

大村はそういった戦いの流れを知っていたので、渋団扇で自分の体をあおぎ、暑さをしのぎながら、頭脳を暑さで鈍らせないようにして、戦いの指揮を執っていたのです。

竹の梯子は、それを民家の屋根に掛けて、屋根の上に登って、敵情を観察するために必要なものでした。見た目は格好の良いものではありません。浴衣に百姓笠、渋団扇に竹の梯子を持っている男はどう見ても軍人の姿ではないでしょう。しかし、それが幕末期に現れた風景でした。

司馬さんにしてみれば、自分が体験した、軍服のボタンひとつ留めていないだけで拳骨が飛んでいた軍隊と比べて、大村の戦場での姿というのは、大変な驚きだったと思います。しかも、大村の顔つきと言えば、大きな頭に広い額、長い目に大きな耳、鼻は高く、ふたつの眉毛は濃く、火吹き達磨《だるま》というあだ名がついていたほどです。

戦争というのは、軍服をきちっと着ている者が勝つのではなく、勝てる軍事技術を有している者が勝利するのだと実感したはずです。

常識、形式の否定から発展が生まれる

したがって、『花神』では日本人の形式主義というものが存分に否定されています。合理主義の反対は不合理主義に違いないのだけれども、多くの場合、不合理を生み出しているのは、言ってみれば形式主義なのです。

「こうしておりましたから」とか「こういう形式をとっていますから」という、その当時までは通用していた常識主義、形式主義を否定することから日本の発展が生まれることを、司馬さんは『花神』に限らず、さまざまな作品で語っています。

ひょっとしたら、司馬さんがリーダーの資質としてより重く見ていたのは、「常識を破るリーダーシップ」ということかもしれません。自分は常識を破ることができなくても、破る技術を持っている人間を発見すればよいのであって、『花神』で言うならば、桂小五郎[*15]がその例にあてはまるでしょう。桂は長州出身の政治家で、のち、木戸孝允《たかよし》と名を改めます。西郷隆盛や大久保利通とともに明治維新の三人の大立者の一人とされています。

この桂は非常に洞察力のある人でした。自分は技術を持っていなくても、何がこれから必要かわかっていた。優れた技術者であれば身分など問わずに登用する、という形のリー

ダーシップを発揮した人です。周囲の人間がどんなに文句を言ってきても、自分が登用した人材を最後まで守りとおす。これは、リーダーと呼ばれる人物に必要な要素でしょう。

「桂には、虚心にひとの智恵を借りようとするところがあり、それがこの人物の政治家としての魅力になっていた」

「(おれは、本来百姓である)/という想いが、つねに蔵六(大村)にある。にもかかわらず、桂は多数の藩士を信用せず、蔵六のみをえらんだとは、何ということであろう。その一事が、とくに蔵六の心をゆさぶった」

「長州第一の人物といわれる桂が、蔵六を人間として認め、遇し、しかも頼ってくれた。蔵六の感動の大きさは、どうにも名状しがたい」(以上、中巻)

これらのくだりに、大村益次郎という異能の人を重用し、使いこなした桂のリーダーシップが存分に表現されていると思います。ちなみに、桂自身が長州藩の藩医の子に生まれた人であり、純粋な武士ではありません。桂の大村起用には、彼のこうした資質が関係していたのかもしれません。

こうした二人の例は、じつは日本型組織で非常にうまくいくパターンです。異能の人物とは、ある意味でオタクです。オタクである異能の人を、常識人たる政治家、あるいは社長のようなトップが使いこなすときに極めて大きな力を発揮するという姿を、司馬さんはこの物語で二一世紀の私たちに語りかけているように思えます。

＊1 **『竜馬がゆく』** 文藝春秋／文春文庫／全八巻　幕末期に土佐藩を脱藩し、薩長盟約の締結、大政奉還実現への道筋をつくるなど、獅子奮迅の活躍をした坂本龍馬（一八三五〜六七）の生涯を描く。初出は一九六二年六月二一日〜六六年五月一九日の「産経新聞」夕刊に連載。

＊2 **『燃えよ剣』** 新潮社／新潮文庫／全二巻　武州多摩の豪農の家に生まれ、兄貴分の近藤勇とともに新選組の創設に参加し、副長として幕末の激流に斬り込む土方歳三（一八三五〜六九）の姿を描く。初出は一九六二年一一月一九日号〜六四年三月九日号の「週刊文春」に連載。

＊3 **『翔ぶが如く』** 文藝春秋／文春文庫／全一〇巻　薩摩藩士として倒幕の立役者となった西郷隆盛（一八二七〜七七）と大久保利通（一八三〇〜七八）。維新政府のリーダーとなった二人の

友情と対立を軸に、立場と思想に隔たりが生じていく様を克明に描く。初出は一九七二年一月一日～七六年九月四日の「毎日新聞」朝刊に連載。

＊4 『**世に棲む日日**』文藝春秋／文春文庫／全四巻　幕末期の長州藩で尊王攘夷思想を貫き、志半ばながらも無形の遺産を遺し、若くして散った吉田松陰（一八三〇～五九）と高杉晋作（一八三九～六七）の苛烈な生涯を描く。初出は一九六九年二月一四日号～七〇年一二月二五日号の「週刊朝日」に連載。

＊5 「**王城の護衛者**」講談社／講談社文庫　京都守護職を命じられた会津藩主松平容保（一八三五～九三）が、幕末の激動に翻弄されながら江戸幕府と運命をともにする短編小説。同名の短編集に所収。

＊6 『**峠**』新潮社／新潮文庫／全三巻　戊辰戦争時の越後長岡藩家老として、時代の先を見通す先見性を持ちながらも、新政府軍との戦いに踏み切らざるをえなくなる河井継之助（一八二七～六八）の悲劇の生涯を描く。初出は一九六六年一一月一七日～六八年五月一八日の「毎日新聞」朝刊に連載。

＊7 『**花神**』新潮社／新潮文庫／全三巻　長州藩農民出身の蘭学者・医師の大村益次郎（一八二五～六九）が、藩に取り立てられて軍才を発揮し、戊辰戦争で新政府軍を勝利に導いた後、徴兵制の基礎を整えるまでの生涯を描く。初出は一九六九年一〇月一日～七一年一一月六日の「朝日新聞」夕刊に連載。

＊8　**八九式中戦車、九七式中戦車**　一九二〇～三〇年代につくられた国産戦車。日本陸軍は満州事変の勃発を契機にして機械化部隊の編成を進めたが、これら国産の中戦車は装甲の脆弱さをはじめ、対戦車戦闘が想定されていないという、致命的な欠陥を持っていた。「タドン」は炭の粉を固めた燃料。

＊9　**池田屋事件**　一八六四年六月、新選組が京都の旅宿池田屋で会合中の尊攘派志士を襲撃した事件。

＊10　**蛤御門の変**　一八六四年七月、前年の八月一八日の政変で京都を追われた長州藩が、形勢挽回のため京都に攻め込み、御所を守る会津・薩摩藩の軍と蛤御門などで戦って敗れた事件。禁門の変ともいう。

＊11　**三島由紀夫**　一九二五～七〇。小説家。本名、平岡公威。『仮面の告白』で注目を集め、『潮騒』『金閣寺』などで唯美的世界を構築。しだいにナショナリズムに傾倒、『憂国』『豊饒の海』などを書いた。

＊12　**緒方洪庵**　一八一〇～六三。江戸後期の蘭学者・医者・教育者。大坂に適塾（蘭学塾）を開き、大村益次郎、福沢諭吉、橋本左内らを育てる。医師として種痘の普及にも尽力。幕府奥医師兼西洋医学所頭取を務めた。

＊13　**福沢諭吉**　一八三四～一九〇一。明治期の啓蒙思想家。中津藩士の子として大坂の中津藩蔵屋敷で生まれ育つ。緒方洪庵に蘭学を学び、三度欧米を巡歴する。慶應義塾を創設し、明六

社創立に参加。一八八五年、自らが創刊した「時事新報」の社説に「脱亜論」を発表。著書に『学問のすゝめ』『文明論之概略』など。

＊14 **秋山好古** 一八五九〜一九三〇。明治・大正期の陸軍軍人（大将）。松山藩出身。フランスに留学して騎兵戦術を学び、日清・日露戦争で騎兵大隊・旅団を率いて勲功をたてた。

＊15 **桂小五郎** 一八三三〜七七。幕末・維新期の長州藩士・政治家。のち木戸孝允と改名。西郷隆盛と薩長同盟を結んで倒幕運動を指導。西郷・大久保利通とともに明治の三傑の一人。維新政府の中枢にあり「五箇条の御誓文」の起草に関与。版籍奉還、廃藩置県を推進した。

第三章　明治の「理想」はいかに実ったか

明治維新が起きた背景

明治維新が起きた一九世紀の世界は競争の世界でした。欧米列強が軍事力を背景に、植民地の権益をめぐって競争していました。世界地図はふたつに塗り分けられました。ひとつは、欧米列強です。欧米の人々は民族ごとに「国民国家」をつくり、徴兵制を布き、海軍を持ち、他国との競合をはじめました。

もうひとつは、欧米列強の国民国家の植民地になったところです。中国・インドなどかつて古代文明を誇った国も、植民地化からは、逃れられませんでした。産業革命をなしとげた欧米諸国は、蒸気機関と長距離砲をのせた軍艦の海軍力、ライフル銃・大砲で武装した陸軍力で、世界を自分のもの＝植民地にしていきました。

この弱肉強食の状況に対応するために、江戸幕府も洋式海軍を興そうと、オランダに教師団の派遣を要請します。本章で主に触れる『「明治」という国家』[*1]のなかで、司馬さんは次のようなエピソードを取り上げています。長崎にやってきたその教師団のなかにカッテンディーケという名の中佐がいました。のちにオランダの海軍大臣をつとめた人物です。

彼は江戸幕府の招きで一八五七年に日本にやってきて、幕府がつくった長崎海軍伝習所で、榎本武揚《えのもとたけあき》らに海軍の技術を教えました。彼は長崎の町があまりに無防備なことにおどろき、敵に攻められたらどうするのかと町の商人にたずねました。すると、「それは幕府（お上）のなさることだ。われわれの知ったことではない」との答えが返ってきてびっくりします。

折しも海軍伝習生の一人としてカッテンディーケに学んでいたのが、勝海舟[*2]でした。勝は曽祖父が視覚障害者でしたが、当時の視覚障害者はお金を貸すことを許されていたため、その盲目の曽祖父が築いた巨万の富によって、身分の低い幕府の御家人から御家人株を購入して、お金の力でもって江戸幕府の末端に加わった家の人でした。勝は曽祖父に似てとても頭がよく、蘭学、兵学に通じていた。度胸もあって、新しいものを好んだことから、カッテンディーケの長崎海軍伝習所に入ったのです。

のちの戊辰戦争のときには西郷隆盛と会見して、江戸城総攻撃をやめさせ、江戸を火の海にすることを防いだことに尽力したと言われていますが、実際の下交渉は山岡鉄舟が事前にやっていて、勝がその手柄を持っていったと悪口を言われることもあります。

国民国家か、植民地か

勝海舟はカッテンディーケとはおたがいに信頼しあう仲でしたから、司馬さんは、二人のあいだで次のようなやりとりがあったのではないかと想像します。

「『オランダの場合はどうなんですか』／ということを、カッテンディーケに勝が質したでしょう。／『オランダには憲法があります。オランダ人は、いかなる人といえども、ごく自然にオランダ国民です。自分の身と国とを一体のものとして考え、ある場合にはオランダ国の代表として振る舞い、また敵が攻めてきた場合には自ら進んでそれを防ごうとします。それが国民というものです。日本がなぜそうでないかが不思議ですね』」（下巻、第九章「勝海舟とカッテンディーケ」）

勝は目からうろこが落ちる思いをしたことでしょう。当時の普通の日本人にとっては、藩や村・町が世界そのものです。日本国という空間が世界の一部分で、自分は「日本人」であるという認識は持たなかったでしょうし、身分に応じてそれぞれの家職にはげんでいればよかったのですから。

「長崎で、勝は変ったと思います。長崎での練習艦だった咸臨丸[*3]で渡米して、いよいよその〝変心〟をふかめたでしょう」（同前）と司馬さんは語ります。ちなみに咸臨丸は、勝海舟や福沢諭吉が乗っていたがために後年有名になりますが、遣米使節のトップが乗っている船（ポーハタン号）ではなく、それに随行していた随行艦でした。咸臨丸に乗っているということは、あまりその使節のなかでは恵まれない地位にあることを意味しています。逆に言うと、恵まれない地位にいた人たちがかえって有名になってしまったことで、幕府が滅びた後、木村摂津守だとか当時の正使だとかは隅に追いやられてしまいました。だから、正式な艦の船の名前がみんなの記憶にないわけです。

話をもとに戻すと、近代国家をつくるうえで「国民」「国民国家」の創出が欠かせないという教えは、勝から弟子の坂本龍馬たちへ、さらに多くの日本人にも伝わっていったことでしょう。アジアにおいて自国民の力だけで国民国家への転換を成し遂げた日本は珍しい存在です。

明治維新期の日本は、このように国民国家へ転換して列強に伍《ご》するか、植民地となるかの選択を迫られていました。

「攘夷」と「尊王」

しかし、ほとんどの日本人は感情的になりました。世界情勢を直視することなく、内向きの狭い視点で考えて、「攘夷《じょうい》」をしさえすれば異国を追い払えるという短絡的な思想が日本中を一色に染め上げます。

「夷」というのは、外国人に対する蔑称です。自分たちと違う顔形をして、違う文化をまとった人々を「野蛮人」とみなして貶《おとし》める言葉です。彼らに「日本に入ってくるな、出ていかなければ打ち払うぞ」と言うわけです。

ところが、常識的には短絡的で無謀だと思われる、この思想が幕府を倒し、新たな近代国家＝国民国家をつくり上げるエネルギーになっていきます。司馬さんは、『「明治」という国家』で、「攘夷」の意義について次のように記しています。

「幕末の倒幕のエネルギーは、攘夷からおこったことはいうまでもありません。／

『開国』／なんてのは、イデオロギーとしては弱いです。開国は理の当然で、正しくかつ常識的なありかたですから。正しくて常識的でたれでももっともだというスローガンは、革命的ではないのです。それは、液体でいえば、水です。水は、生きるのになくてはならないものです。しかし、革命というのは、みんなが酔っぱらわなくてはならないものですから、水ではどうにもならなくて、強い酒を必要とするものなのです」（上巻、第四章「〝青写真〟なしの新国家」）

「攘夷」の思想という、飲みすぎると非常に危険でもある「強い酒」に酔った日本人が、革命としての明治維新を成し遂げたという見立てです。ただ「開国」を掲げるだけでは、革命は成し遂げられなかったであろう、ということです。

「攘夷」、すなわち夷を打ち払うというのは、本来は武士の仕事でした。武家の棟梁《とうりょう》である「征夷大将軍」とは、天皇に従わない「夷」を攻め滅ぼし、あるいは服属させるのが本来の職能です。しかし幕末の日本では、もう武士だけに任せてはいられないという気運が高まります。

よく「攘夷」とセットで語られる「尊王」という思想があります。非常に大雑把にまとめると、天皇こそが古来、日本を支配し、将軍や武士はその委任を受けて軍事、さらには政治を担当しているという意識・思想です。この「尊王」思想に立脚すると、武士もそれ以外の庶民も、ともに天皇の家来ということになる。武士の特権的地位は、意識のなかで後退していきます。そうなると、夷を打ち払うという事業は、自分にもできるという意識が庶民にも芽生えてくる。自分は天皇の家来であり、草むらに隠れた武士なのだ。だから、攘夷に参加できる。この概念を「草莽《そうもう》の志」と呼びます。国民全員が、「草莽の志」を抱いて「天皇の家来」を名乗ることで、政治参加が可能となる回路ができたわけです。「草莽の志」を抱いた草莽の士が、攘夷を掲げて政治に参加する——これが明治維新という革命の原動力となったのです。

徳川はなぜ倒されたのか

この時代をとらえて、司馬さんは次のように語っています。

「明治維新は、国民国家を成立させて日本を植民地化の危険からすくいだすというただ一つの目的のために、一挙に封建社会を否定した革命だった」（『この国のかたち』一、7「明治の平等主義」）

封建社会の否定――それは江戸社会、徳川社会の否定でもあります。しかし、江戸時代の日本社会は、同時代の海外の社会と比べてみれば、豊かで安全で、人権もかなり守られている社会でした。

それは徳川社会ができあがる以前の、室町や戦国時代の日本を見ればよくわかります。戦国以前の中世社会では、女の人が伊勢神宮に一人旅をするなどということはほとんど不可能に近いものでした。みなさんは小さいころ、『山椒大夫』という話を聞いたことがあるかどうかわかりませんが、女親が二人の子どもを連れて旅をしているだけで、それが身分の高い者であっても、だまされて、人身売買で売られてしまっていたのです。

女性の一人旅どころか、商売をする男たちも品物を奪い取る人々から商品を守るために槍を立て、武器を持って武装しながらでなければ、主要な街道さえ往来できなかったというのが実態でした。しかし、江戸時代になると、庶民がたとえ故郷から遠く離れた村で行き倒れても、通行手形さえ持っていれば、これがパスポートとなって、村から村へとリレーで自分の家まで親切に送ってもらえる、「次送り」というシステムまでできていたのです。

それでも、徳川幕府は倒されてしまいました。幕府と武士だけにおまかせでは日本は植民地化される、と賢い日本人たちが気づいたからです。刀槍で戦うしかない。そう考える昔ながらの武士にまかせておくと、日本も中国と同じ運命になってしまいます。実際、ペリー来航のとき、武士が兵を率いて対応にあたりましたが、すでに二〇〇年以上続いた平和のなかで、武士の意識から戦国の気風は失われ、軍事的にも後進国になっていました。刀と火縄銃の軍隊では、ライフル銃や大砲を備えた軍隊にかなうわけがありません。

しかし、もともと武家政権の本質は軍事政権です。原理的には軍事力を背景に国家の統治がなされているわけで、それが名目だけのものになっても、武士が特権階級を構成し、世襲されるという構造は保持されてきました。武士は、日本全体の農業生産高のじつに四割近く[*4]を家禄、つまり代々受け継ぐ報酬として受け取ってきたのです。その武士が、西欧の軍事力の前ではすでに役に立ちません。足軽兵士や農民が一週間でも小銃を訓練すれば、軍事の「専門家」である武士に勝ってしまう。銃弾の前に、武士はまったくの無力だということがわかってしまったのです。

青写真のない新国家

こうなると、武士に世襲の権利、権力を与えるということ自体に疑問がもたれてしまいます。コスト的にも割に合わないし、そもそもそれでは国を守れません。植民地化は避けられない。そこで、先に述べたように、天皇を中心とする新たな政権をつくって攘夷を実行しようという流れになり、封建社会を否定する革命が始まるのです。

しかし司馬さんは、この革命が既存の国家・社会の枠組みを「壊す」ことが先になっていて、どのような国をつくるかという「青写真」がなかったと喝破《かっぱ》しています。

「じつをいいますと、西郷は幕府を倒したものの、新国家の青写真をもっていなかったのです。新国家の青写真をもっていた人物は、私の知るかぎりでは土佐の坂本龍馬だけでした」(『「明治」という国家』上巻、第四章「〝青写真〟なしの新国家」)

明治維新において、最大の功績者であると司馬さん自身が評価している西郷隆盛にして、新国家の青写真を持たなかったというのです。司馬さんによれば、西郷隆盛は、わかりやすく言えば「壊し屋」の面が強い人物で、江戸幕府を倒したものの、新政府を発足させるための計画図を詳細には持っていませんでした。

つまり、薩摩は王政復古などのクーデターや軍事力の発動でもって、幕府を力で消滅させることについては非常に長《た》けていましたが、幕府がなくなった後で、無政府状態にならないために、新しい政府が何省をつくり、どんな議会を持ち、軍隊はどうするのかといったプランはなかった。むしろそのことを考えていたのは新政府綱領八策を書いたりしていた坂本龍馬のほうだ、というのが司馬さんの明治維新の見方です。

現実主義者・坂本龍馬

新しい経済システムをどうするか、それ以前に、貨幣制度自体をどうするかも決まっていませんでした。小判を基準通貨として使っていた状態から、金と交換できる兌換《だかん》紙幣を通貨として発行していく段階に転換する基本的な仕組みも、まったく考えていなかったわけです。国全体をどうやって富ませていくか、国家単位で殖産興業をどう進めていくかも考えていなかった。

「西洋に倣《なら》え」というスローガンで、軍や兵器はイギリスやドイツに学んで西洋式に切り替えましたが、西洋の法体系をどのように移入し、それを柔軟かつ的確に運用できる人材をどう養成していくか、これも考えていません。

もともと幕府や各藩には優秀な官僚がいましたので、官僚機構・官僚制度は従来のものを運用すればよかったのです。しかし、欠陥もありました。江戸時代には、村寄合はありましたが、外交や政治を国民代表が論じる国家単位での国民議会はありませんでした。

一方の龍馬については、最近、司馬さんが言っていたことを裏づける古文書が見つかりました。新政府を発足させて新しい経済システムを導入するには、そのための紙幣を発行しなければなりません。しかし紙幣には新政府が信用にたるという裏づけが必要です。そこで龍馬は福井藩にいる三岡八郎（由利公正）という財政、紙幣発行について非常に詳し

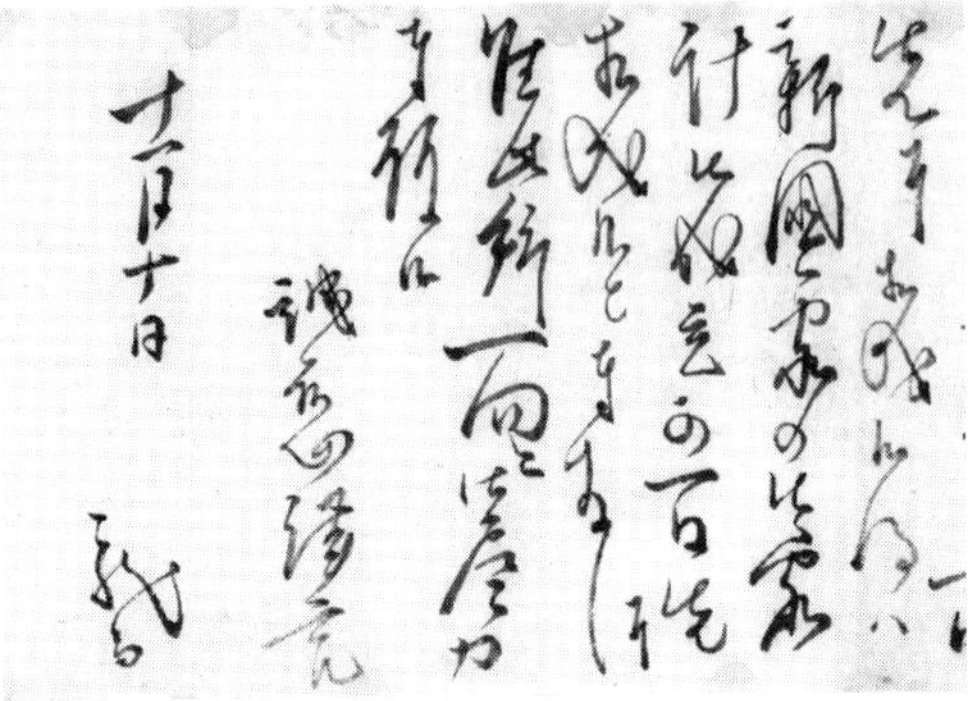

暗殺の5日前にあたる慶応3（1867）年11月10日に書かれた、前福井藩主・松平春嶽の側近、中根雪江宛ての手紙。福井藩士の三岡八郎を新政府の財政担当者として一日でも早く出仕させるよう懇願しており、「新国家」などが達筆な文字で書かれている（写真提供：高知県）

い人物に会いに行き、新政府に迎え入れようとします。

龍馬は現実主義者ですから、政府が発足するためにはまずお金、先立つものがないと何もできないことがわかっていたのでしょう。福井から戻ってきて、「一日も早く三岡さんが来てくれないと政府の財政は一日遅れる」というような内容の手紙を書いています。この手紙の発見からも、司馬さんの新国家を発足させるときの見方が裏づけられます。

何が明治の礎となったのか

そういう手探り状態で始まった新国家にとって、最も有用な財産となったのは江戸の多様性であると司馬さんは言います。青写真なしでスタートした明治という国家が、なぜ曲がりなりにも成功したのか。それは江戸時代の遺産があったからです。その無形遺産のひとつが多様性だということです。

江戸時代が多様であるというと、すぐに思い浮かべられるのが、俗に三百諸侯と言われる藩の乱立です。実際にはバラバラに乱立しているわけではなく、二〇家ばかりの国持ち大名がいて、その系列をあわせて約二八〇の藩がありました。

国持ち大名というのは、一ヶ国以上を持つ殿様で、国主《こくしゅ》とも言われました。加賀の前田家や長州の毛利家など、大きな大名のことで、のちには米沢の上杉家、秋田の佐竹家など一国を持たない大名も含まれるようになっていきます。

国持ち大名の系列は、最終的には約二八〇藩ありましたが、実際には譜代大名を除けば、分家や一族の藩が多いので、大きな国持ち外様大名とその親戚と言えます。ですから、よく「江戸時代は二八〇の藩に分かれていたから、地方分権をやるときは二八〇ぐらいに分ければいいんじゃないか」という議論がなされますが、それは違っていて、江戸時代は数十の行政的なまとまりで分かれていたと見るほうが、現実には近いように思います。今で言うと、だいたい県三つ分ぐらいで系列化されていたぐらいのイメージが近いかもしれません。

江戸時代、最大の遺産は人材

ただし、日本列島は縦に長いですから、気候や地形の条件も作用して、それぞれの藩に異なる特徴が醸成されたことは確かです。当然、人材もいろいろなタイプがあります。司馬さんの指摘を見てみましょう。

「薩摩の藩風（藩文化といってもよろしい）は、物事の本質をおさえておおづかみに事をおこなう政治家や総司令官タイプを多く出しました。／長州は、権力の操作が上手なのです。ですから官僚機構をつくり、動かしました。／土佐は、官にながくはおらず、野にくだって自由民権運動をひろげました。／佐賀は、そのなかにあって、着実に物事をやっていく人材を新政府に提供します。／この多様さは、明治初期国家が、江戸日本からひきついだ最大の財産だったといえるでしょう」（『「明治」という国家』

上巻、第三章「江戸日本の無形遺産〝多様性〟」)

さらに言えば、会津藩のように教育に熱心な藩もありますし、加賀藩のように、一見、すぐにお金にならなくても文化や技術を重視していたところは、化学や理工系の技術、数学の分野で優れた成果を生み出しています。つまり、江戸時代においては、それぞれの藩がその特徴に応じた人材を輩出していたと言える。それが、明治維新を迎えたことで、中央に各藩のいちばん良質な部分が集められるわけです。司馬さんの言葉を借りましょう。

「その多様さが――すこし抽象的な言い方になるが――明治の統一期の内部的な豊富さと活力を生んだといえる」(『この国のかたち』一、14「江戸期の多様さ」)

その最たる例が貢士《こうし》制度。各藩の若く優秀な人材が、天皇のもとに貢士として差し出されるという制度です。また、江戸時代の昌平坂学問所や、蕃書調所《ばんしょしらべしょ》、種痘所などの系列を引く官立学校をつくり、のちの帝国大学[*5]という形で教育システムが整備され、陸軍士官学校や海軍兵学校もつくられて、優秀で多様な人材が東京に集められ、それが化学変化の連鎖反応を起こします。

司馬さんの代表作のひとつ『坂の上の雲』の登場人物に即して言えば、愛媛の松山は、のちに俳句の一時代を築く正岡子規[*6]を東京に送り出しました。子規は東京で夏目漱石と出会い、化学変化が起きて日本の文学が大きく変革されます。

また、文才に富む哲学的な軍人である秋山真之のような人材も、東京に提供しています。明治維新が起きなければ、秋山は松山で下級武士として俳句でも詠みながら暮らしたはず。ところが実際には東京で海軍に進み、薩摩の指導者たちに出会って化学変化を起こし、やがて日露戦争に決定的な役割を果たす軍人に成長していく。司馬さんは、その姿を『坂の上の雲』でうまく描いています。

人材の多様性こそが、じつは江戸という時代から引き継いだ最大の遺産だったのです。

モデルとしての帝国大学と東京

さらに江戸時代の遺産として指摘しておきたいのが、庶民の民度の高さです。国家の法や制度をよく理解し、従う国民という点で、日本人は世界に冠たるものです。日本人の民度の高さを語るとき、よく例に出る話があります。

江戸時代、とある船が難破して船乗りたちが海に投げ出された。白人が助けに来たので、半分は外国船に乗り移って救助されたのですが、もう半分はそのまま乗り移ろうとせず、海に沈んでしまった。白人は奇妙に思い、「なぜあの人たちはそのまま死んでいったのだ?」と聞きます。船乗りたちは答えます。「日本の国法では、外国へ行ったり外国人に関わったら死刑になると聞かされている。だから、どうせ死ぬのなら、法律に従って死んだほうがいいと思って沈んだのだと思う」と。

白人はこれを聞いて驚愕《きょうがく》します。日本の庶民は法を守るという点において恐るべき従順な国民性を持っている。しかし、実際にはただ隷従しているわけではない。日本の庶民の識字率はヨーロッパの平均並みか、さらに高いわけです。

これは、各藩から中央に集められたエリート人材が近代国家をつくるとき、大いに役立ちました。司馬さんは東京帝国大学を「配電盤」にたとえています。

「自動車などの内燃機関には、配電盤《ディストリビューター》というものがついている。／いうまでもなく、気筒群《シリンダー》のそれぞれの点火栓《プラグ》に電気をくばる装置である。くばることによって一定の順序で爆発させる。／まことに明治初年、西欧文明受容期の日本は一個の内燃機関だった。／その配電盤にあたるものが、東京帝国大学（以下、東京大学）で、意識してそのようにつくられた」（『この国のかたち』三、62「文明の配電盤」）

つまり、西郷は江戸という従来の国家の機構を壊したわけです。しかし先ほども述べたように、それをどういうかたちに再構築していくかというビジョンがなかった。そこで、大久保利通や桂小五郎や伊藤博文は、そのモデルを外国に求めたわけです。まず岩倉具視《ともみ》を代表とする欧米を回る使節団をつくって、新しい国家をどのようなものにするかを考えるために、外国を視察してくる。彼らは帰ってから、すぐにではないですが、明治一四年の政変以後、プロイセン・ドイツをモデルにして、ヨーロッパの社会に似た国をつくろうと考えます。

それで上野の山の上に、西洋ではこうやっているんですよ、というモデルルームとして東京帝国大学を設置し、エリートを養成して、それを中央集権的に地方の官吏として配していった。あるいは渋沢栄一のように、西洋型の銀行をつくるのであれば国立第一銀行、ヨーロッパ式のホテルであれば帝国ホテルというように、東京にまずひとつ、ヨーロッパと同じようなものをつくって、それを地方の人たちに見せたわけです。

そうして学問の面では東京帝国大学、街としては東京が、日本中に西洋文明という電気を行き渡らせる配電盤になったのです。とりわけ伊藤博文などは、ドイツへ留学する東京大学法学部の人を、非常にかわいがり、その人が日本に帰ってくると大学の教授にするなどして厚遇しました。東京大学法学部を手下の官僚たちを育てる機関に仕立てていったわけです。彼らはやがて官選知事として地方行政などを担っていくことになります。

明治に実った江戸の「理想」

エリートが配電盤から電気を流しても、国民が動かなければどうしようもない。でも日本の庶民は、すぐに動ける民度と知的レベルを持っていました。非常に優秀なので、東京にひとつある帝国ホテルを見ただけで、田舎に同じようなホテルをつくることが容易にできたのです。

これには、江戸時代の人たちが非常に勉強熱心であったということが大きいと思います。知的レベルの高さとともに、権威に従順だということもあります。親孝行とか忠孝といった考え方がしっかり浸透していたからです。

江戸人の公共心の高さも、「遺産」と言えます。江戸時代の前の戦国時代というのは、自分さえ助かればよいという考えでなければ生きられない時代でしたが、江戸時代は永代雇用ですから、人間は皆、公というものへの奉仕、上に対する責任というものを課され、それを全うする人間が尊敬され、生存できるという時代でした。

武士は主君や家に対して奉公するので公共心が高く、庄屋は村の百姓を守るために公の心を持っていました。それは庶民も同じで、自分勝手なことばかりはしないわけです。もしすれば、島国の閉鎖社会ですから、たちまちはじき出されてしまうからです。

じつは江戸時代の村における庄屋の大切さは、もう限りないものです。よく西日本では庄屋、東日本では名主が多いと言いますが、そうとは限りません。地域の呼び名で庄屋、名主、肝煎《きもいり》というふうに言われていました。いずれにしても、この庄屋が優秀で、しっかり働いたから江戸時代の行政ができていました。

年貢の収納や村の治安維持、そして特に重要なのは年貢の割付といって、村のなかで請け負っている田畑の面積に応じて、きっちりと村民たちに年貢を割り当てて、納めさせることが庄屋の役目でした。また村民に法令を守らせ、人口の調査をやり、戸籍簿の管理にあたることもやっていましたし、村入用という村費を運用し、勧農といって村のなかの道やインフラの整備を行うことなども、この庄屋の世話によるところが大きかったわけです。

この庄屋が江戸時代の初めには村人との間に、「私を構える」といって、村の費用を横領したり、様々な事件が起きたりしていましたが、だんだん庄屋がうまく機能するようになると、村の行政が回り始めます。江戸時代、兵農分離で空間的に武士と農民が分かれていたにもかかわらず、村を滞《とどこお》りなく治めることができたのは、この庄屋という制度と彼らの能力の高さによるものだったわけです。

今日でも、日本社会で出世している人、たとえば会社や組織の長になっている人には庄屋出身の人が少なくありません。私は「庄屋天国」と呼んでいるのですが、日本人はつくづく庄屋が好きそうな社会をつくり上げてきたように思えます。

また、江戸時代人の徳目では「正直」「正路《せいろ》」といったものが重視されます。日本の昔話がほとんど正直であることを徳目として掲げているように、正直ということは、特に庶民道徳において最も重視されました。これは江戸時代に限ったことではなく、千年単位の長期にわたって、日本人の重要な徳目とされてきたようです。その影響でしょう、いま明治の人の人生や振る舞いを見ると、あまりに素直で、ちょっと子どもっぽくも見えるのです。

司馬さんは、明治という時代を「理想」がある時代としてとらえていました。それは、江戸時代という、じつに長い期間をかけて生育された実り（果実）が、明治という時代そのものだったという意味ではないでしょうか。江戸のさまざまな遺産が、明治という時代に「理想」として実った――それが、司馬さんの明治観なのだと思います。

江戸時代の「負」の遺産

一方、江戸時代の負の遺産とでも言うべきものが、東アジアへの蔑視の姿勢です。江戸時代は基本的に海禁体制で、日本人は外国へ行けませんでした。

この時代、国民の他国への移動を禁止していたのは、なにも日本に限ったことではなく、朝鮮や中国も海へ乗り出して海賊行為が行われることを防止するために、国民の海上移動に強い規制をかけていました。それが海禁政策というふうに呼ばれるものです。

だから、「鎖国」というよりも海禁と言ったほうが、実態を表しているのではないかというのが研究者の最近の考えなのですが、国民の海外渡航を原則禁止にしている点では、国を閉ざしていると言われてもおかしくない状況にあったことは間違いありません。

外国に行けない以上、島国のなかだけでものごとを見るようになります。そのうえ、中世、室町以前は中国のほうが強くて豊かで先進国だったのですが、秀吉の朝鮮出兵によって、「あいつらは大して強くない」という意識が植え付けられてしまいました。実際、現代の目から見て、江戸時代になると日本の一人当たりの所得は中国や朝鮮を明らかに抜いています。

さらに、この国は思想の面でも優越感を抱き始めました。「中国や朝鮮は、儒教の国だと言いながら王朝がころころ変わっている。儒教道徳がいちばん貫かれているのは日本である」。そんな考えがおきてきます。また、中国の清朝は北方遊牧民の王朝で、本来儒教をつくった漢族ではないと見下すような風潮も生まれています。それが江戸時代の海禁を通じて少しずつ根付いてしまい、外に対しての独善性が高まったのは事実です。

明治になり、日清戦争で日本が中国に勝ったことで、中国や朝鮮を下に見る傾向は激しくなりました。「脱亜入欧」という言葉があります。日本はアジアを脱して、西欧の仲間入りをすべきだという考え方です。この言葉は、朝鮮の近代化の難しさに絶望したときに福沢諭吉が書いた社説「脱亜論」に結びつけられた言葉です。

「脱亜論」は、福沢がむしろアジアと手をたずさえようとして苦しんだ末に吐いた言葉なのですが、のちに「西欧は偉いが、東アジアは劣っているから、支配して当然だ」という論と誤解されました。しかし、近代日本に脱亜の優越感があったのは確かです。それが東アジアのなかで孤立しやすい社会や思想をつくり出してしまいました。司馬さんは、こうした傾向に対する心配や危惧《きぐ》を随所で述べています。

格調の高いリアリズムとは

また、明治という時代について、司馬さんは「リアリズム」という言葉を使って説明しています。

「明治は、リアリズムの時代でした。それも、透きとおった、格調の高い精神でささえられたリアリズムでした。ここでいっておきますが、高貴さをもたないリアリズム——私どもの日常の基礎なんですけれど——それは八百屋さんのリアリズムです。そういう要素も国家には必要なのですが、国家を成立させている、つまり国家を一つの建物とすれば、その基礎にあるものは、目に見えざるものです。圧搾空気といってもよろしいが、そういうものの上にのった上でのリアリズムのことです」(『「明治」という国家』上巻、第一章「ブロードウェイの行進」)

「八百屋さんのリアリズム」というのは、決して八百屋さんを馬鹿にしているわけではなく、儲けを第一に考える商用の功利のリアリズムのことを言っています。要するに一般市民のリアリズム。それは司馬さんが言っているように「必要」なものです。一方で、「透きとおった、格調の高い」リアリズムとは、社会的、公共的に大きな場面での現実主義のことだと思います。目先の利益に走るのではなく、私を捨て、公共のために貫徹するリアリズム。それは「世のため人のためのリアリズム」と言ってもいいかもしれません。

「圧搾空気」という言葉は、司馬さんが好んで使う言葉です。江戸時代という、ある程度の制約や制限によって抑えられた社会のなかで、思想なり空気なりで熟成されてすごいものができあがる。思想が濃密で純化されたものになる。それを圧搾空気と表現したのです。

江戸時代はずっと私利私欲が抑え込まれていました。どんなに武芸が強くても、大名の家に生まれなければ大名にはなれません。勉強をして、自分は大出世したい、大名ぐらいになりたいと大志を抱いても、それを圧殺する言葉があった。「僭上《せんじょう》」という言葉です。「それは僭上である」と言われれば、もう押し黙るしかない。上をそんなに望んではいかんという時代の強制力があったわけです。

今の話と関連して、江戸時代を理解するキーワードをひとつ挙げれば、「分相応」です。

それは、江戸人みんなに課せられていた義務でした。こうした義務が貫徹されると、たとえばものすごい職人とかが生まれたりします。現代で言えばノーベル生理学・医学賞をとれそうな人材も、本人の意思や能力に関係なく、生まれた環境や育ちによって言わば自動的、強制的に与えられた仕事に就きました。しかし、悪いことばかりではなく、彼らは、その家業の道を極めるような完璧な仕事をしました。

この圧搾空気状態が、明治になって全部開放されます。富国強兵のためであれば、どんな立身出世を望んでも、「僕はしっかり勉強して、陸軍大将になって、天皇の国家のために尽くしたいと思います」と小学校で言えば「偉い！」とほめられます。もし、こんなことを江戸時代に言ったら、口をふさがれてしまいます。「私は一生懸命勉強して征夷大将軍になりたいと思います」などと言うのは「僭上の沙汰《さた》」であり「謀反《むほん》」なわけです。

文学や宗教の代わりに生み出されたもの

分相応という考え方は、一種の朱子学です。人間には天から与えられた分《ぶん》や理《ことわり》があり、そこからは自由ではない。理に従って生きることこそが宇宙の法則に従っていて美しいという考え方です。それは現在も薄まりながら残っています。

そんななかで明治のリアリズムが生まれたのは、日本が武士による軍事国家であり、「文明の辺境」だったからです。梅棹忠夫[*7]さんの言葉を借りれば、「文明の周縁」と言ってもいいでしょう。梅棹さんはもともと京都大学理学部のご出身でしたから、文明も地球上の植生などと同じように、生態学的にとらえられるという考えを持ち、ユーラシア大陸の内陸は乾燥して砂漠ですが、その周縁地域に自然に麦などの穀物がとれやすい場所ができ、そこに都市や文明が生じて、文字や宗教が現れると述べています。

一方、文明が現れるさらに外側にある、文明の周辺、辺境にあたる地域は森のなかです。ヨーロッパや日本がそうですが、この地域は独自に文字や世界宗教を生み出しているわけではなくて、むしろ文字や宗教を、日本の場合は漢字や、儒教、仏教、道教ですが、これを大陸の文明圏から借用するというかたちでの発展が見られるというのです。

つまり、日本は仏教やキリスト教のような、普遍的な生活習慣になる宗教を生み出していません。でも、だからこそ明治のリアリズムが生まれたのです。

鉄道を例にとってみましょう。近代国家で鉄道というのは絶対に必要なものですが、たとえば、中国の科挙に受かるようなエリートは鉄道を敷くことに関心は示しません。イギリスの鉄道学校に入って、鉄道技術を学ぶなどというのは、士大夫《したいふ》（エスタブリッシュメント）のやることではない。漢詩がわかるとか、四書五経を諳《そら》んじているということが、彼らにとっての価値で、油にまみれてネジを回すことは士大夫のやることではないのです。

ひるがえって日本を見ると、「長州ファイブ」（一八六三年に長州藩が幕府に隠れて、こっそりイギリスに密航留学させた井上聞《もん》多《た》のち馨《かおる》、遠藤謹助《きんすけ》、山尾庸三、伊藤俊輔のち博文、野村弥吉〔井上勝《まさる》〕の五人）の一人である井上勝は、武士の身分でありなが

ロンドンで撮影された「長州ファイブ」の写真（萩博物館所蔵）。後列左から時計回りに遠藤謹助、野村弥吉（井上勝）、伊藤俊輔（博文）、山尾庸三、井上聞多（馨）

ら、鉄道の学校に入ってネジを回し、ボイラーを焚《た》き、ピストンの構造を学びます。しかも彼らは、自分が鉄道会社を設立して稼ごうと思ってやっていませんでした。日本という国家を近代化させて強国にするには輸送用機械が必要だから、武士だけれども鉄道技師になろうと思って行く——これが格調高いリアリズムです。明治のリアリズムは、官や国家に対する宗教性をおびた信頼を背景に、お国のため、日本国家のために産業を興すという形で現れたのです。

明治人と現代人

明治のリアリズムが徹底されていたのは、エリートだけではありません。眞葛香山《まくずこうざん》という陶芸家がいます。彼は横浜を拠点に活動していましたが、外貨を稼ぐために自分は陶磁器をつくるのだという意思が非常に強かった。そこには当然自分が儲けるためもあったでしょうけど、彼は日本を強くするために焼き物を焼いたわけです。

東芝のもとになっていく会社をつくった発明家、からくり儀右衛門（田中久重）もそうです。からくり儀右衛門は、最初は趣味でつくったからくり人形の興行で稼いでいたのですが、のちに佐賀藩や久留米藩から「お国のためだから君の頭や技術を使わせてくれ」と頼まれると、一銭にもならないのに協力を惜しみませんでした。彼は「別に金儲けのためにやっているのではない、国をよくするためにやっているのであって、もうからくりはやらない」と言ったとされています。

やはり庶民や技術者にまで、こうした格調の高いリアリズムが浸透していたことが、明治期に国が発展したひとつの理由ではないでしょうか。

じつは現代の日本人が、明治の人たちに比べて弱いのは、そのような部分です。明治のリアリズムというのは非常に自立性が高いのです。精神の自立性と言っていいかもしれませんが、たとえば、いま中国が七パーセント近い経済成長を続けています。韓国も日本よりずっと高い経済成長を続けているとします。そうすると、現代の日本人がどういう考え方をするかと言えば、「政府に何とかしてもらって、景気がよくなるといいな」となるわけです。

ところが明治の人たちの考え方だと、おそらくこうでしょう。「中国の経済成長が七パーセントならば、せめて自分が関わるものづくりや生産だけでも毎年七パーセント成長させよう」。この精神こそが、明治の強さだったと思います。

エリートが特にそうで、たとえば秋山真之は、アメリカに留学して海軍の軍事技術を勉強するわけですが、「自分が一日休むと、日本の海軍は一日遅れる」と公言しています。そのぐらい明治の人は国家レベルの問題を、自分の問題としてとらえていました。

福沢諭吉の言葉に「一身独立して一国独立す」というものがありますが、「一身独立」というのは、自分がきちっと自らの商売や役割を果たすことで、みんながそれをやれば「一国独立」、つまり国はきちっと回っていく、という意味です。

しかし現代の日本人は、この格差社会、競争社会のなかで自分が暮らして生きていくことに精一杯で、そういう感覚を持ちづらくなっているように見えます。司馬さんの言葉では「電圧が低い」と言うのですが、司馬さんが生きていらしたら、幕末、明治の人たちと、私たち現代の日本人では、そこが違うと嘆かれるのではないでしょうか。

「弱者の自覚」があった明治日本

少し話がそれましたが、そうしたリアリズムの観点から、秋山好古・真之兄弟と正岡子規を主人公にして、日露戦争までの日本を映し出した傑作が長編小説『坂の上の雲』[*8]です。冒頭の書き出しが印象的です。

「まことに小さな国が、開化期をむかえようとしている。／その列島のなかの一つの島が四国であり、四国は、讃岐《さぬき》、阿波《あわ》、土佐《とさ》、伊予《いよ》にわかれている。伊予の首邑《しゅゆう》は松山」（一巻）

昭和の日本はそこそこの大国ですが、明治の日本は列強に比べればずっと小さな国です。「弱者の自覚」と私は呼んでいるのですが、明治国家にはそれがあり、ある種の謙虚さが残っていました。この冒頭の一節は、まるで人工衛星から撮ったような映像であり、まさに司馬さんの真骨頂です。神か天の人になったように、客観的にこの時代の日本を眺めています。そして、文明開化という形で、準備を十分にした小さなつぼみが開きそうだという、この時代の心地よさを書いていると思います。

私は、この作品を秋山真之と乃木希典《のぎまれすけ》[*9]という二人の人物に焦点を当てて読んでみたいと思います。それは、先ほどの「格調の高い精神でささえられたリアリズム」とかかわってきます。秋山は、明るいリアリズムを象徴しています。一方の乃木は、暗い、公のための滅私というリアリズムを背負っています。ともに「格調の高い精神でささえられたリアリズム」を体現しているのですが、まったくベクトルが異なるわけです。秋山のリアリズムは合理的ですが、乃木のリアリズムはまったくの不合理なのです。

明治という時代を、司馬さんはこの秋山と乃木、二人の合成体としてとらえているように思います。このふたつのタイプの日本人がいて、明治という国家ができあがっている。それを見事に書き分けています。

秋山真之と乃木希典

秋山真之は海外に留学し、西洋の兵術や科学技術を学びましたが、彼のリアリズムは非常に独創性のあるリアリズムです。あらゆる兵学用語を漢字二文字で表現するのを例に挙げましょう。秋山は戦力をふたつに分けて理解します。機械の力を「機力」、人間のマンパワーや技術力を「術力」と呼びます。その両方がそろっていないと、戦力は機能しないというわけです。いくら立派な軍艦があっても、それを動かす人間の技能が低いと、力を十分には発揮できない。ところが、昭和の陸軍では「機力は術力で補え」という、不合理な精神主義が横行する。少なくとも秋山の時代には、弱者としての自覚があり、合理的に戦力を考えるというリアリズムがありました。

対する乃木は、自分は軍人だからといって、軍服を着たままベッドで寝続けるという不合理さをまとっていました。乃木の根底にあったのは、秋山と同じく格調高い公共精神ですが、その不合理なリアリズムでは戦争に勝てません。

二〇三高地をはじめ旅順をめぐる攻防戦で、乃木は多くの将兵を死なせてしまいます。結果として日露戦争は日本の勝利に終わったため、乃木は「軍神」として伝説化するわけですが、「乃木凡将論」「乃木愚将論」もささやかれていました。それが決定的になったのは、『坂の上の雲』によってでしょう。司馬さんは、乃木だけではなく、彼の下で作戦の指揮をとる幹部をまとめて「無能」と激しく非難します（もちろん、「司馬リテラシー」をもつ私たちは、この表現が日露戦争における役割という限定された意味であることを理解して読むべきです）。

日露戦争を指揮した群像。前列右から４人目が第三軍司令官・陸軍大将の乃木希典、その左隣が連合艦隊司令長官・海軍大将の東郷平八郎、中列右から４人目で、乃木と東郷の間に立つのが参謀・海軍少佐（のち中将）の秋山真之（写真提供：朝日新聞社）

「日本兵は自分の死が勝利への道につながったものであると信じ、勇敢に前進し、犬のように撃ち殺された。かれら死者たちのせめてもの幸福は、自分たちが生死をあずけている乃木軍司令部が、世界戦史にもまれにみる無能司令部であることを知らなかったことであろう」（四巻）

ここには、司馬さん自身が体験した昭和陸軍につながる「暗部」に対する怒りと鋭い批判が込められています。

司馬さんは乃木という、国民からはその「格調高く愚直な精神」を非常に愛された人物を通じて、明治のリアリズムの「暗」の部分を、しっかりと見つめているのです。

日本海海戦で勝利した後の秋山が、故郷の松山で講演した記録が残っています。そこで秋山は「道具選びをするわけではないが、戦術上における兵器の優劣というもの、戦力の影響というのは避けがたい」というように語っています。どんな武器を渡されても、それで戦うのが軍人の本分である。それは乃木とも通じる格調高い精神の部分です。しかし秋山は兵器の優劣が戦争の結果を左右するという合理的な現実を、ちゃんと付け加えています。

「どんな兵器でも死ぬ気で戦います」という人がリアリズムをもって戦えば、戦争は勝てる公算が高くなるでしょう。しかし「死んでも戦います」という人がリアリズムを失ってしまったら、それは「自殺」になります。次章で触れることになりますが、昭和の歴史では、それが当たり前のことになってしまったのです。

司馬さんが言いたかったのは、まさにそこだと思います。格調高い精神にささえられたリアリズムと合理主義をあわせ持たなければならない――。それができれば、この国があのような愚かな戦争に突入することはなかった。それが『坂の上の雲』のひとつの結論なのかもしれません。

『坂の上の雲』に込められたメッセージ

『坂の上の雲』を高く評価する人の多くは、「明治はいい時代だった」と言います。しかし、明治人が目指したのは坂の上の雲ですから、いくら坂を登っても、それはつかめないということも、司馬さんはわかって書いているのです。登りつめた坂はやがて下りになります。坂の上の雲がつかめないままに坂を下っていくと、下には昭和という恐ろしい泥沼がある。司馬さんは、この書名でそのことを言外に語っていると私は思います。

この作品が書かれた一九六〇年代末から七〇年代初めは、まさに高度経済成長期の終わりが見えたころです。時代の頂点に立つと、見通しがよくなります。日本人一人ひとりが、自分で歴史をつくっていく意識を持たなければいけないという気運が生まれ、それが「坂の上」をめざした明治人への興味をかきたて、『坂の上の雲』を国民的な人気作品としたのかもしれません。

高度経済成長は日本人の暮らしを豊かにしました。この時代、カラーテレビ、クーラー、自動車の三つが「三種の神器」と呼ばれ、豊かな生活の象徴として家庭に普及しました。「三種の神器」に代表される生活環境の変化で、物欲は満たされましたが、国民全員が「坂の上」を目指すような大きな目標はなくなっていきます。そんな時代に、司馬さんは明治という時代を振り返り、日本人のひとつの理想を体現した姿を描くとともに、近代日本が「どこで間違ったのか」を突き詰め、読者に示そうとしたのかもしれません。

そして、リアリズムと合理主義に従ってことをなすべきだ、なさなければならないという強いメッセージを、司馬さんはこの作品を通じて訴えたのだと思います。公共心が非常に高い人間が、自分の私利私欲ではないものに向かって合理主義とリアリズムを発揮したときに、すさまじいことを日本人は成し遂げるのだというメッセージと、逆に、公共心だけの人間がリアリズムを失ったとき、行き着く先はテロリズムや自殺にしかならないという裏の警告メッセージを、司馬さんは、私たちに発してくれているのではないかと思います。

＊1　**『「明治」という国家』**　ＮＨＫ出版／ＮＨＫブックス／全二巻　「明治」は清廉で透きとおった〝公〟感覚と道徳的緊張＝モラルをもっていた。他の時代と一線を画した「明治国家」の精神を巨細に語り、日本人のアイデンティティに迫った全一一章から成る日本論。もとの内容は一九八九年一〇月から一一月まで六回にわたって放送されたＮＨＫ番組「太郎の国の物語」。

＊2　**勝海舟**　一八二三～九九。幕末・明治期の幕臣・政治家。蘭学・兵学に通じ、蘭書翻訳御用掛を経て長崎海軍伝習所に入る。戊辰戦争時は、西郷隆盛と会見して江戸無血開城に尽力。維新後は海軍卿・枢密顧問官などを歴任した。

＊3　**咸臨丸**　江戸幕府がオランダに発注・建造した蒸気軍艦。原名「ヤッパン号」。一八五七年、長崎海軍伝習所教官に赴任するカッテンディーケが、この船の艦長として日本へ運んだ。来航後は「咸臨丸」と改名され、伝習所の練習艦となる。一八六〇年、勝海舟や福沢諭吉が乗船し、遣米使節の随行艦として太平洋を横断したことは有名。

＊4　**農業生産高の……四割**　江戸時代の農民にかけられる負担の中心は年貢で、石高のおよそ四割を米や貨幣の形で領主に納めた（四公六民）。

＊5　**帝国大学**　幕府の朱子学教育施設の昌平坂学問所、洋学教授・翻訳所の蕃書調所、蘭方医の研究の場となった種痘所は改称・改組を重ね、一八七七年に最初の官立大学である東京大学となる。東京大学は八六年に帝国大学と改称、九七年に京都帝国大学設立により東京帝国大学、一九四九年に新制の東京大学となった。

＊6　**正岡子規**　一八六七～一九〇二。明治期の俳人・歌人。松山藩出身。雑誌「ホトトギス」を舞台にして「写生文」の理論に基づく俳句・短歌革新を唱えて近代俳句・短歌の基礎を確立。漱石とは大学予備門時代より親交を深めた。歌論に『歌よみに与ふる書』、随筆に『病牀六尺』など。

＊7　**梅棹忠夫**　一九二〇～二〇一〇。昭和・平成期の民族学者・文化人類学者。国立民族学博物館初代館長。一九五七年の論考「文明の生態史観」で地球生態系区分の在り方に対応した文明の発展過程の違いを提示して注目される。著書に『文明の生態史観』『知的生産の技術』など。

＊8　**『坂の上の雲』**　文藝春秋／文春文庫／全八巻　明治期の四国松山出身の陸軍軍人秋山好古と海軍軍人真之の兄弟とその幼なじみである俳人正岡子規を中心に、明治維新から日露戦争までの近代化に邁進する日本を描く。初出は一九六八年四月二二日～七二年八月四日の「サンケイ新聞」夕刊に連載。

＊9　**乃木希典**　一八四九～一九一二。明治期の陸軍軍人（大将）。長州藩出身。第三軍司令官として日露戦争で旅順攻囲戦を指揮。軍事参議官・学習院院長を歴任。一九一二年九月一三日、明治天皇の大喪の日に殉死した。

第四章 「鬼胎の時代」の謎に迫る

日本史上の特異な時代

明治という時代をひとつの「理想」として描いた司馬さんは、自分自身が経験した「昭和前期」を、やはり書かなければ、と思っていました。しかし、小説としての「昭和前期」は結局、書かれずに終わりました。

これまで、しばしば『この国のかたち』という司馬さんの晩年のエッセイを取り上げてきましたが、そのなかに、司馬さんが昭和について語った代表的な文章が含まれています。

「昭和ヒトケタから同二十年の敗戦までの十数年は、ながい日本史のなかでもとくに非連続の時代だった」（一、4「〝統帥権〟の無限性」）

また、一九八六〜八七年にNHKで放送された「司馬遼太郎　雑談『昭和』への道」の内容をまとめた『「昭和」という国家』[*1]では、この時代を「日本の歴史の中でもちょっと異様だった時代」「別の国だったかもしれないと思わせる」「魔法にかけられた時代」「魔法の森のような時代」というように表現しています。

さらに、『この国のかたち』の「〝雑貨屋〟の帝国主義」という章では、日露戦争の勝利から太平洋戦争の敗戦に至る四〇年間は、日本史の連続性から切断された「異胎《いたい》」（一、3）の時代だとし、同じ章の別の箇所では、「明治憲法下の法体制が、不覚にも孕《はら》んでしまった鬼胎《きたい》のような感じ」とも表現しています。

この「異胎」「鬼胎」とは、つまり「鬼っ子」——自分の子どもではあるが親に似ていない子ども——で、司馬さんは、この時代が日本史上の特異な、非連続の時代であったという意味で用いています（「異胎」と「鬼胎」はほぼ同じ意味ですので、ここでは「鬼胎」で統一します）。日本の歴史であるけれども、他の時代と大きく違う。明治と昭和は切断されている。この違いというものをどうとらえるか——と司馬さんは問うわけです。

明治と昭和は切断されているか

司馬さんが本心から、明治と昭和が完全に切断されている、と考えていたのかというと、私には疑問です。社会の病というのは、現実の病気に似て潜伏期間があり、昭和に入ってとんでもない戦争に突入してしまう菌や病根は、やはり明治に生じていたのではなかったか。明治という時代は、まだそれが発症していない「幸せな潜伏期間」だったのではないか。

たとえば日露戦争の折、ロシア軍の機関銃が据えられている二〇三高地に対して、乃木希典の率いる軍は突撃を繰り返し、大量の死体の山を築きました。戦術的には明らかに誤っているにもかかわらず、決行されました。そして、それを悲壮な美談としてとらえる国民も当時からいたわけです。

これは、司馬さんが「鬼胎」と称した昭和前期の病につながる病根であったと言っていいでしょう。前章で「明るいリアリズムと合理主義の体現者」として触れた秋山真之ですら、日本の軍には天の助けがある、あるいは天皇の率いる軍は天佑《てんゆう》を保有している、といった超自然的な考え方から完全に抜け出ることはありませんでした。

そもそも日本の宣戦布告の詔勅《しょうちょく》は、明治このかた昭和まで「天佑ヲ保有シ万世一系ノ皇祚《こうそ》ヲ践《ふ》メル大日本帝国皇帝ハ」で始まります（「露国ニ対スル宣戦ノ詔勅」「米英両国ニ対スル宣戦ノ詔書」）。「天佑を保有する日本国の天皇は」という文言が付き物で、「天皇は戦いに勝つための天の助けを生まれながらに持っている」と宣言してから戦《いくさ》を始めます。極端な場合は、日本は、天の助けを持っているから、神風も吹いた。だから、この国は負けたことがない、と考えます。

国家をあげて超自然的なことがらを信じ教えているのは、その国家がある種の宗教団体であり、宗教国家に近い色彩を帯びていることを意味します。つまり、明治の日本国家は確かに合理的な法にもとづく近代国家をめざしていましたが、超自然的な力を完全に排除したリアリズムと合理主義を持っていたかというと、そうでもなかったのです。

ナショナリズムとパトリオティズム

では、なぜそのような「鬼胎の時代」が生まれたのか。その背景には、ナショナリズムの暴走があると司馬さんはとらえていました。

ナショナリズムという言葉は、一般には国家主義と訳されるものですが、司馬さんは、お国自慢や村自慢、お家自慢、自分自慢につながるもので、あまり上等な感情ではないと思っていたようです。一方で、ナショナリズムと混同されやすい概念にパトリオティズム（愛国主義）がありますが、司馬さんは、愛国心と愛国者というものは、もっと高い次元のものだと考えていました。

ナショナリズムとパトリオティズムの違いについては、お家自慢のたとえで考えてみるとよくわかります。たとえば、ある地域社会で、自分はよい家に生まれたのだといって誇りに思っている人がいます。その人が家柄を自慢し、他の家を馬鹿にする。何ら自分の努力で手に入れたわけではなく、ただその家に生まれただけなのに他人を見下していると、自分は金持ちなのだから、貧乏人を従えて当然だという考えに陥っていきます。自分がかわいいという感情が、自分の家がかわいいと変形したにすぎず、その「自分の家がかわいい」を「自分の国がかわいい」と国家レベルまで拡大したものがナショナリズムだというわけです。

対して、「いや、自分はたまたま名家に生まれついたのだから、一層きっちりとして、さらに周りから尊敬される良い家にしよう」と考える人もいます。これは言わば「愛家心」ですが、この感情を国家レベルでおこなうのが、司馬さんの言う「愛国心」に近いと思います。

自分の家をよくするだけではなく、周りの人たちのお世話までできる家にする——その高い次元の、真の愛国心を持った人が支配層にいる間はまだしも、そうではなくなってきたときに国は誤りをおかします。そんな姿を司馬さんは活写しています。国の単位だとわかりにくいのですが、家の単位に転換して考えてみると、このあたりの問題はよくわかるのではないでしょうか。

暴走する「お国自慢」

そして現実の歴史で、「お国自慢」の暴走が始まります。日露戦争の勝利が、日本人を変えてしまう。司馬さんは、次のように書いています。

「日露戦争の勝利が、日本国と日本人を調子狂いにさせたとしか思えない。／なにしろ、調子狂いはすでに日露戦争の末期、ポーツマスで日露両代表が講和について条件を話しあっていたときからはじまっていた。講和において、ロシアは強気だった。日本に戦争継続の能力が尽きようとしているのを知っていたし、（中略）物量の面では戦争を長期化させて日本軍を自滅させることも、不可能ではなかった。弱点は日本側にあったが、代表の小村寿太郎[*2]はそれを見せず、ぎりぎりの条件で講和を結んだ」
(『この国のかたち』一、3「〝雑貨屋〟の帝国主義」)

しかし、この講和に日本が追い込まれていた事実を知らない民衆が、怒りをあらわにします。

「調子狂いは、ここからはじまった。大群衆の叫びは、平和の値段が安すぎるというものであった。講和条約を破棄せよ、戦争を継続せよ、と叫んだ。『国民新聞』をのぞく各新聞はこぞってこの気分を煽《あお》りたてた。ついに日比谷公園でひらかれた全国大会は、参集する者三万といわれた」(同前)

いわゆる「日比谷焼打ち事件」のことで、司馬さんは、これを「魔の季節への出発点」と、とらえました。当時の日本人は、何もわかってはおらず、よその国に対して強硬に出て、威勢のいいことを言うことが正しいと信じ切っていました。

「日比谷焼打ち事件」のきっかけとった日露講和条約反対国民大会（写真提供：毎日新聞社）

実際には、日本の軍隊は戦線が伸びきって補給もままならず、一刻も早く、妥協してでも講和を結ばないといけない状態にありました。しかし、国内の新聞はきちんとした報道をしません。また政府も日本軍が、じつは苦しいという事実を敵に知られてしまっては講和がうまく運ばないので、真実を国民に説明できませんでした。国民も戦勝に浮かれて正しい判断ができず、ただ政府の弱腰を非難して外交担当者の家を取り囲み、日比谷で暴動を起こす始末でした。

日露交渉にあたった小村寿太郎は、帰国した横浜港で自分の息子の顔を見て、思わず「生きていたのか」と言ったそうです。暴動で、息子は、とっくに殺されていると思っていたのです。

一方で、この時代のエリートたちの態度には立派なところもありました。古島《こじま》一雄[*3]は後に総理大臣、吉田茂の指南役となったジャーナリストで、日比谷焼打ち事件の当時は新聞記者でしたが、小村に「(日比谷事件の)焼打ちには、困ったろう？」とカマをかけたそうです。ところが、小村は「いや、国民にあの意気があってくれたので外交ができた」と答えたといいます。

この国民の意気とは、司馬さんが言うところのナショナリズムです。国内世論に、お国自慢のような感情的な勢いがあったので、ロシアはそれを考慮して講和条件をのんだ、外交ができた、というわけです。それは半面の真実でしょう。国民の国家主義＝ナショナリズムに対し、小村たちエリートは、たとえ息子を自国民に殺されてもしかたがないとの覚悟(これは愛国心＝パトリオティズムでしょう)で外交交渉にあたっていたのです。

日本人の「前例主義」

日露戦争に一応勝ったということで、この後の日本人は謙虚さを失っていきます。日清戦争の勝利によって中国に強い優越感を持ったところに、今度は白人の国に勝ったことで、「世界の一等国に仲間入りした」と言い始めます。一方で、当時はまだ兵器も国産ではそろえられない小さな国という自覚もあり、その分は士気や教育訓練で補っているという意識がありました。

日本人というのは、前例にとらわれやすい「経路依存性」を持っています。第二章で触れた「合理主義」の対極にある日本人の性質が「前例主義」（経路依存性）です。日露戦争の勝利の経験も、この「前例」にされてしまいます。その結果、天佑があるから日本軍は士気が高く兵器・兵力の不足をよく補って勝てるという議論が横行してしまいます。

それを司馬さんは特に問題視していたと思います。

日露戦争後、日本はいったん海軍を縮小するべきでした。イギリスのように広大な植民地を世界中に持っているわけではないので、膨大な金がかかる大艦隊を維持する必要はありません。

朝鮮半島とのかかわり方にしても、日露戦争の勝利でロシアの進出をストップすることができたのですから、もっと穏やかで平和的なやり方があったはずです。にもかかわらず、日本は日露戦争勝利の五年後に韓国の完全植民地化（韓国併合）を強行し、昭和に入ると軍部主導による「満州国」の建国や、中国や東南アジア各地への侵攻に突き進んでいってしまいます。

ナショナリズムは、小村の言うように、時に大きなエネルギーとなります。植民地が独立をしようとするときなどは大きな威力を発揮します。しかし、近代日本のナショナリズムは、隣国などの他者を貶めて優越感を感じる「歪んだ大衆エネルギー」も含んでいました。それが、日露戦争後の日比谷焼打ち事件以後、日本のなかに溜まっていったのです。

「鬼胎の時代」の萌芽

さらに問題だったのは、日露戦争で勝った際に数多くの軍人たちが、公・侯・伯・子・男の爵位を持つ「華族」になったことです。日露戦争で、下級武士出身の維新の功労者が、主君の大名や上級公家を追い越して、爵位のうえで偉くなりました。

明治維新の理想のひとつは、天皇の下の国民平等の実現です。ところが、維新の功労者が真っ先に、貴族になりました。「そんなのはおかしい。華族は一代限りにして世襲はやめよう」と言った功労者は板垣退助[*4]ぐらいでした。板垣は土佐の出身で、戊辰戦争では総督府の参謀として、会津若松城を攻略するなど大活躍し、本人はいやがりましたが、伯爵の位を授けられていました。

一方で薩摩藩や長州藩など、維新に手柄のあった藩の人たちが政府の実権を分け取りにしている状態には批判的で、国会をつくる建白書を提出し、自由民権運動の中心となっていました。板垣は、子孫に親が犯した罪が受け継がれないように、親の功もまた子々孫々に受け継がれることはおかしいという論理で一貫していたのです。

しかし板垣が世襲は一代限りにして、辞めようと言っていたにもかかわらず、政府は日露戦争の後になんと一〇〇人もの人たちに爵位を授けてしまいました。

戦争で勝った者が華族になり、場合によっては帝国議会の貴族院の議席さえ世襲できるのを見せてしまったのですから、新たに軍隊に入ってくる若者、特に維新で賊軍にされてしまった奥羽越の出身者たちも、薩長出身者におくれをとらじと、日露戦争のまねっこ戦争を考えて、自分が華族になる姿を想像するのは、当たり前です。

しかも青少年期に、日露戦争の大陸軍・大海軍の栄光を見て、軍人での立身出世をめざした人たちです。冷静に世界情勢や日本の国力を分析して、軍を縮小しようなどとは思うはずもありません。海軍の人たちは失業するわけにいかないので、大きいままの海軍を維持して、今度は新しい仮想敵を求めます。ロシアの艦隊を破った後ですから、それはアメリカ——ということになる。司馬さんが理想とした明治のなかに、「鬼胎の時代」の萌芽があったのです。

多様性を失っていった日本

明治国家は、その草創期には陸軍はフランスに、海軍はイギリスに学ぶという多様性がありました。しかし軍部も、そして国家制度自体もドイツのスタイルを導入してつくり上げられていきます。

もっとも顕著なのが参謀本部制度です。ドイツはときに、国家が軍隊を持っているのではなく、軍隊が国家を持っていると言われるほど、軍隊が国家を動かしているととらえられていました。それをわざわざまねたのですから、軍隊が国家を左右して破綻《はたん》に至ったドイツと同じ運命をたどるのは自明とも言えます。

私は、明治一四年の政変ごろ、日本が国家モデルの目標を急速にプロイセン・ドイツへと移した時期に、病魔のもととなる菌が植え付けられたと考えています。明治一四年の政変とは、一八八一年にイギリス流の国会を開設し、憲法制定を急いだ大隈重信[*5]らを、対立する伊藤博文らが追放した事件です。

大隈はイギリスをモデルにした、国会が内閣総理大臣を出したりする、国会中心の政府をつくるという考えでしたが、伊藤博文はいちいち国会に諮《はか》っていては急速な近代化もできないし、天皇の権力、ひいては藩閥の権力も弱くなってしまうというので、そのころ急速に国力を強めていたプロイセン・ドイツの帝権と、それを支える軍や役人が国会の議決なしで、国会の意見を参考にするだけで国政を行い得るというプロイセン・ドイツ型の国家づくりを考えていました。

結局、この一四年政変の後に、伊藤のプロイセン型が選ばれることになるのですが、近代日本は、その後幸せな潜伏期をしばらく過ごすものの、日露戦争の戦勝がもたらした「傲慢《ごうまん》」という名の疲れから激しく病を発症してしまった――というのが、日本という国を診察したときの、私の所見です。

「ドイツ服」の落とし穴

このことには司馬さんも気づいていたはずで、『この国のかたち』に「ドイツへの傾斜」という章があります。

「日本は、周知のように、十九世紀もなかばすぎてから、異質なヨーロッパ文明を受容した。それも植民地化によるものではなく、みずからの意志によってそのようにした」（三、50）

それが他の国々とは違うと司馬さんは指摘します。植民地になりたくないからヨーロッパ文明を受容したのであり、なかでもいちばん軍事的に強い国家の法制度を入れたということになります。

「明治維新をおこして四年目（一八七一年）に、プロイセン軍がフランス軍を破ったことが大きい。／在欧中の日本の武官は、目の前で鼎《かなえ》の軽重《けいちょう》を見てしまった。／かれらはドイツ参謀部の作戦能力の卓越性と、部隊の運動の的確さを見、仏独の対比もした。その上、プロイセンはこの勝利を基礎にして、連邦を解消してドイツ帝国をつくった。ほんの数年前、明治維新をおこした日本人にとって、つよい感情移入を持ったことはいうまでもない」（同前）

大日本帝国憲法についても同様です。当時のドイツはヨーロッパでは後進的な国で、市民社会がまだできておらず、君主の権力が非常に強いものでした。それが当時の指導者・伊藤博文たちには、日本の国情によく似合っているように思えたのです。

ヨーロッパという名の憲法国家のブティック（洋服屋さん）に日本が入ってみたようなものです。どの服が似合うだろうと思ったら、その当時、ドイツという服を着て歩いているのがいちばん華々しく、自分の体にも合いそうでした。ちょうどいいと、試着室でプロイセン・ドイツの服を着てみたところ、これがなかなかピッタリでした。天皇や政府といった頭や上半身の大きな当時の日本の体つきに合っていたのです。

指導者のなかには大隈重信や学者の福沢諭吉のように「イギリスの服のほうがいい」と、言い張った人もいました。しかし、伊藤博文たちは「だめだ」と言って、大隈を政府から追いだし、結局、ドイツ服を買って帰りました。

そして、天皇の国家がドイツ服を着て大日本帝国を名乗ったのです。ところが、このドイツ服には落とし穴がありました。この服に合わせた軍隊ブーツ（軍靴《ぐんか》）が、なんと一度履いたら死ぬまで踊り続ける「赤い靴」だったのです。日本は軍事国家になって踊り続け、右足の陸軍、左足の海軍という足を切り落とされるまで止まらなかったという、恐ろしい結果になった――というのが、昭和に至るこの国の歴史です。

「国家病」としてのドイツへの傾斜

「明治二十二年の憲法発布のときには、陸軍はまったくドイツ式になってしまっていた。／ドイツ式の作戦思想が、のちの日露戦争の陸戦において有効だったということで、いよいよドイツへの傾斜がすすんだ」（同前）

明治の軍人を規定していた最も特徴的なものは、リアリズムや合理主義ではなく、経験主義や実験主義だと思います。ドイツが勝ったからそっちのほうがいいというもので、現実に実験されたものを信じるというやり方です。そしてドイツの文化やシステムを取り入れたわけですが、彼らはまだ江戸人がドイツの服を着ているだけなのでよかった。司馬さんに言わせると、「自国を客観視する能力も、また比較するやり方も身についていた」（同前）そうです。では、ドイツ色が濃くなった昭和の軍人はどうだったか。

「昭和の高級軍人は、あたかもドイツ人に化《な》ったかのような自己（自国）中心で、独楽《こま》のように論理だけが旋回し、まわりに目をむけるということをしなかった」（同前）

もちろん、これはドイツの文化が悪いということではありません。司馬さんはそのあたりにも留意しています。

「以上はドイツ文化の罪ということでは一切ない。／明治後の拙速な文化導入の罪でもなかった。／いえることは、ただ一種類の文化を濃縮注射すれば当然薬物中毒にかかるということである。そういう患者たちに権力をにぎられるとどうなるかは、日本近代史が動物実験のように雄弁に物語っている」（同前）

昭和の軍人はドイツを買い被っているけれど、本当のドイツを知っている人はいない。ドイツ傾斜というのが「一種の国家病」だったと、司馬さんは非常に強い調子で批判しています。

鬼胎の正体「統帥権」

近代日本を滅ぼしたドイツのこの薬物注射が、その後どのようにして日本という人体を蝕《むしば》んだか。その仕組みを、司馬さんは特定していきます。原因物質は、ドイツ服に付着していた「統帥権《とうすい》」でした。

統帥権とは、軍隊の最高指揮権を表し、大日本帝国憲法の一一条に定められています。

統帥権は、天皇が持っている陸軍と海軍を指揮する権限で、具体的には、陸軍の参謀本部と海軍の軍令部が直接天皇とつながって、軍隊を運用する権限のことです。

前述のように、日本軍はドイツから参謀本部というシステムを輸入しますが、そのために「軍の統帥は国家の外側、君主の体外にある」という統帥権が自己増殖し、手が付けられない国家内国家をつくり、ついには日本を崩壊させてしまった——というのです。司馬さんは『この国のかたち』で次のように語ります。

「統帥とは、（中略）『軍隊を統《す》べ率《ひき》いること』である。／（中略）英国やアメリカでも当然ながら統帥権は国家元首に属してきた。むろん統帥権は文民で統御される。／軍は強力な殺傷力を保持しているという意味で、猛獣にたとえてもいい。戦前、その統帥機能を、おなじ猛獣の軍人が掌握した。しかも神聖権として、他から喙《くちばし》がはいれば、『統帥干犯《かんぱん》』として恫喝した」（四、85「統帥権（四）」）

「明治憲法はいまの憲法と同様、明快に三権（立法・行政・司法）分立の憲法だったのに、昭和になってから変質した。統帥権がしだいに独立しはじめ、ついには三権の上に立ち、一種の万能性を帯びはじめた。統帥権の番人は参謀本部で、事実上かれらの参謀たち（天皇の幕僚）はそれを自分たちが〝所有〟していると信じていた。／ついでながら憲法上、天皇に国政や統帥の執行責任はない。となれば、参謀本部の権能は無限に近くなり、どういう〝愛国的な〟対外行動でもやれることになる」（一、4「〝統帥権〟の無限性」）

司馬さんは、前章で触れたように、明治という時代を江戸時代の収穫時期ととらえましたが、昭和前期という時代をよく見ると、その収穫した実が腐っていく過程にも感じられます。腐敗の原因は、明治にあったのです。日本を「鬼胎」にした正体——それは、ドイツから輸入して大きく育ってしまったもの、すなわち「統帥権」でした。

要するに「統帥権があるぞ」と言い立てることで、軍が帝国議会や一般人を超越した存在となり、統帥権がひとり歩きをして、軍が天皇の言うことさえも聞かなくなっていくという仕組みです。軍の統帥権の実際の運用にあたっては、当然のことながら、政府と議会がチェックをする必要がありました。

まずは政府内閣が命令・人事で、そして予算決定権がある議会が、予算審議で軍隊を統御しなければいけませんでした。しかし、日本の場合、軍の統帥に関する予算について議会が主導権を持つことはありませんでした。さらに言えば、政府、内閣さえも軍の統帥権の外におかれていきます。明治憲法下で、軍をおさえられるのは法による支配＝法治ではありません。人による支配＝人治をやっていた維新の功労者＝明治国家のオーナーたち＝元老でしたが、彼らが次々と世を去り、昭和になって、西園寺公望《きんもち》*6という元公家の老人ひとりになると、元老による軍統帥権の統制も利かなくなっていきました。

明治国家の基本姿勢は、議会の意見は聞くが、最終決定権はない、というものです。軍の統帥に関する決定権はすべて天皇にあると軍部は主張しました。ところが、実際には、天皇自身が決められるわけではありません。軍の中枢をさす部課局が決定します。軍はその結果を天皇に上奏（報告）するだけで、天皇の意志をしばしば無視して押し切りました。

このように統帥権は、昭和に入ると、やがてバケモノのように巨大化していきました。そして日本は迷走をはじめました。

統帥権と帷幄上奏権

国家が統帥権の暴走を許してしまうのは、昭和になってからのことです。明治期は、元勲・元老がいて、彼らが集団指導の体制をとり、明治憲法下の調整をおこなっていました。国家権力の中枢には、政府・議会・軍部の三要素がありますが、昭和期に入ると、統帥権の独立をふりかざした軍部が幅を利かせるようになります。

その傾向が最初に出たのは、海軍の軍縮が国際的な課題となったときでした。軍縮を進めようという民政党政府に対し、軍だけでなく、右翼や政友会までもが統帥権を犯しているという言い方をして抵抗しました。「統帥権違反」ではなく「統帥権干犯」です。つまり、法律違反とは言えないものを、あたかも法律に違反しているかのように言いました。

この言葉は、北一輝《いっき》がつくったと言われています。なお、北は大正・昭和前期の国家主義者で、社会主義に傾倒し、『日本改造法案大綱』というものを書いて、当時の陸軍の青年将校たちに大きな影響を与えました。のち、二・二六事件の黒幕とされ、処刑されています。

この場合、統帥権を干犯した者が、統帥権主義者よりもずっと愛国者だったのは間違いありません。なぜなら、軍縮をしなければ日本とアメリカの間で建艦競争が始まります。そうなると、産業力・国力に勝るアメリカに日本は抑え込まれ、対抗しようと無理に軍事予算をとれば、日本の産業・経済の発達はさらに遅れます。だから、貿易をすることでアメリカと仲良くして、お互いに海軍の建艦競争をやらないようにする――というのが本当の愛国者のやり方であり、国策上の正解です。

しかし、もし軍縮を進めれば、艦長＝中将になれるはずだった人はなれなくなり、多くの軍人が予備役に編入されて退役し、収入が激減します。いきおい、軍縮を主張する人間は嫌われてしまいます。だから、まっとうなことを言う人は海軍内で出世できなくなりました。

統帥権は、天皇が軍隊を率いる権利なので、解釈しだいで無限に何でもすることができました。帷幄《いあく》上奏という特権が、陸軍参謀本部、海軍軍令部という、統帥を管轄する機関に与えられます。帷幄というのは、天皇の前に垂れている御簾《みす》＝すだれのことで、帷幄上奏権は、直接天皇に会いに行って、すだれを通して意見を述べたり、相談したりする権限のことです。

軍隊は天皇のものでしたから、陸軍や海軍が天皇と直接軍の行動について相談しあって、余人を介さないというので、どこが悪いかという権限なのです。これにより、軍人が首相でさえ知らないところで天皇に会い、意見を述べることができます。しかも、政策や作戦が間違って悪い結果になったとしても訴追されることもありません。

「このころから、統帥権は、無限・無謬《むびゅう》・神聖という神韻を帯びはじめる。他の三権（立法・行政・司法）から独立するばかりか、超越すると考えられはじめた。さらには、三権からの容喙《ようかい》もゆるさなかった。もう一ついえば国際紛争や戦争をおこすことについても他の国政機関に対し、帷幄上奏権があるために秘密にそれをおこすことができた。となれば、日本国の胎内にべつの国家――統帥権日本――ができたともいえる」（『この国のかたち』四、85「統帥権（四）」）

神がかりの統帥権が戦争を始めるのですから、その恐ろしさを司馬さんは訴えるわけです。

『この国のかたち』に込められた思い

司馬さんが古書として発見した『統帥綱領・統帥参考』という本があります。もとの二分冊だった原本は敗戦のときに焼却されたので、司馬さんが入手したのはその復刻版です。公刊されたものではなく、参謀本部所属の将校しか閲覧を許されなかったという、いわくつきの秘密文書で、統帥権がどういうものであったのかを如実に語っています。

司馬さんは『この国のかたち』で、『統帥参考』より次の記述を引用しています。

「統帥権ノ本質ハ力ニシテ、其作用ハ超法規的ナリ。[*7]（原文は句読点および濁点なし）」

（一、6「機密の中の〝国家〟」）

さらに、国務はすべて憲法の規定により、各担当の国務大臣が責任を負いますが、統帥権はこの範疇《はんちゅう》ではないことが記されています。

「従《したがっ》テ統帥権ノ行使及《および》其結果ニ関シテハ、議会ニ於テ責任ヲ負ハズ。議会ハ軍ノ統帥・指揮竝之《ならびにこれ》ガ結果ニ関シ、質問ヲ提起シ、弁明《べんめい》ヲ求メ、又ハ之ヲ批評シ、論難スルノ権利ヲ有セズ。（原文、ルビなし）」（同前）

日露戦争のときは軍の失敗を議員が論難しました。しかし昭和期になると、軍の失敗を批判すれば「天皇の軍隊に対して文句を言うのか、不忠者！」となってしまう。明治期の日本は、議会が君主権を監督するというヨーロッパの標準の形が進んだ国家の姿だと理解し、それを忠実に真似するのが正しい立憲国家の姿だと思ってやってきました。

ところが、日露戦争後はヨーロッパさえもいくらか見下し始めます。真面目に議会を育てて立憲国家を運営していくという考えが希薄になっていきます。そもそも、いばっていられるのは誰のおかげなのか、日露戦争で軍が頑張って勝利したからこそ一等国になったのだ、憲法や議会ではなく軍こそが国家の威力の中心なのだ——という自意識があり、国民もその考えに傾いていってしまったのです。

こうして、明治人が苦労してつくり上げた日本国家は暴走を開始し、滅びに向かっていきます。司馬さんは自分を「走る棺桶」の戦車に乗せて殺そうとした国家の正体について、このようにしてみずからあぶり出しました。しかし、それを小説にして発表することはできませんでした。その代わりに語ったものが『「昭和」という国家』のもとになった「司馬遼太郎　雑談『昭和』への道」であり、書かれたものが『この国のかたち』なのだと思います。

司馬遼太郎という小説家のすべての仕事をひとつの本に見立てるならば、長大な最後の「あとがき」にあたるものが『この国のかたち』なのではないかと思います。なぜ敗戦に至ったのか――という自身への大きな問いを終生持ち続けて、それに誠実に答えた司馬さんの言葉であり、過去に対する総決算が『この国のかたち』なのです。

＊1　**『「昭和」という国家』**　NHK出版／NHKブックス／全一巻　「昭和」を〝魔法の森の時代〟として、日本国の胎内に統帥権国家が存在するに至った過程を分析した日本論。もとの内容

は一九八六年五月から一二回にわたって放送された。

*2 **小村寿太郎** 一八五五～一九一一。明治期の外交官。日向飫肥《おび》藩出身。外務大臣として日英同盟を締結、ポーツマス講和会議の全権大使として条約に調印。関税自主権の回復などを遂行した。

*3 **古島一雄** 一八六五～一九五二。明治～昭和期のジャーナリスト・政治家。但馬豊岡藩出身。「日本及日本人」「万朝報」記者などを経て一九一一年から衆議院議員。戦後は日本自由党総裁に推されるが固辞し、吉田茂を推薦。

*4 **板垣退助** 一八三七～一九一九。明治期の政治家。土佐藩出身。戊辰戦争では総督府参謀として会津藩を攻略。維新後に参議になるが征韓論争に敗れて下野。一八七四年に民撰議院設立建白書を提出し、自由民権運動の中心人物として活動。八一年に自由党を結成。九八年に隈板内閣内相。

*5 **大隈重信** 一八三八～一九二二。明治・大正期の政治家・教育者。佐賀藩出身。参議・大蔵卿、貴族院議員などを歴任。一八八一年に明治一四年の政変で下野し、翌年に立憲改進党を組織する。東京専門学校（早稲田大学）を創立。九八年に隈板内閣、一九一四年に第二次大隈内閣を組織。

*6 **西園寺公望** 一八四九～一九四〇。明治～昭和期の政治家。公卿出身。文相・枢密院議長などを歴任。一九〇六年と一一年に内閣を組織。大正末期以降は最後の元老として立憲政治の

保持に努めるが、軍部の暴走を防げず、日本の行く末を憂いつつ死去。

＊7 「統帥権ノ本質ハ……超法規的ナリ」 司馬が参照したとされる『統帥綱領・統帥参考』（偕行社、一九六二年）原本の記述は「統帥権ノ本質ハ力ニシテ其作用ハ超法的ナリ」（原文は旧漢字）とあり、「規」の文字はない。

終章　二一世紀に生きる私たちへ

最後に遺された言葉

ここまで過去を清算したうえで、司馬さんは最後に、未来のことを考えた文章を私たちに書き遺してくれました。それが「二十一世紀に生きる君たちへ[*1]」というエッセイで、四〇〇字一枚の原稿用紙に換算して一〇枚ほどの短いものです。

大阪書籍という教科書会社から「小学生の子どもたちにメッセージを書いてください」と依頼された司馬さんは、快く引き受けました。そして、膨大な時間をかけて執筆したそうです。そのなかで、司馬さんは「(自分は)二十一世紀というものを見ることができないにちがいない」と書かれましたが、読んだ私たち読者はとても驚きました。発表当時(一九八九年)、司馬さんはまだ六〇代半ばで、二一世紀までご健在だろうとみんなが思っていたからです。

ところが、実際に司馬さんは二一世紀を迎える前に亡くなられ、この文章が読者に向けた遺言として位置づけられました。

司馬さんが子どもたちに伝えたかった主旨は、おそらく日本人の最も優れた特徴である「共感性」を伸ばすことだったと思います。司馬さんのこの文章内の言葉で言えば「いた

「二十一世紀に生きる君たちへ」原稿（7枚目）、1989年5月刊の「小学校 6年 下」（大阪書籍）掲載の依頼を受けて執筆。原稿は色鉛筆による独特の推敲がなされ、長編小説を書くほどのエネルギーを要したという（写真提供：司馬遼太郎記念財団）

わり」です。他人の痛みを自分の痛みと感じること——どうしたら相手は辛《つら》いだろう、どうしたら相手は喜ぶだろうといった、相手を慮《おもんぱか》る心が日本人は非常に発達していることを司馬さんは指摘します。

かつて、日本語には主語がないということがよく論じられました。司馬さんが「鬼胎の時代」と呼んだ昭和前期に文部省が出版した『国体の本義』のなかに、日本語に主語がないのは無私の心があるからだ、というようなことが書かれています。だから、無私の心で人に尽くすのが美しい姿だとするのですが、私は少し違う気がします。

「私」がないのではなくて、「私」と相手の区別がないのです。つまり、相手の気持ちになりやすい、気持ちが溶け込んでいるわけで、これが「共感性」でしょう。司馬さんは、日本人の相手を思う気持ち、自他の区別がないさまを強調したのだと思います。

これからの世界は「おれが、おれが」と自分の意見や利益を口にするだけでは何も解決しない時代に入ると思います。現在の世界は、どちらが強いか、どちらの利益を優先するかばかりが議論されているように見えます。グローバル化がさらに進めば、異なる価値観を持つ国家や人間どうしが向き合わざるを得なくなる局面が増えてきます。相手よりいかに優位に立つかに汲々《きゅうきゅう》とするより、むしろ、相手の気持ちがわかる、共感性が高いといった、どんな文化の違う人にも適応し理解することができる能力が重要になるはずです。その共感性が高いのが日本人なのです。

日本の歴史を動かしたのは誰か

そして、司馬さんはもうひとつ、「自己の確立」が大事だと述べています。中世の鎌倉武士を例に挙げて、「たのもしい人格を持たねばならない」と言います。
若き日の司馬さんが目にしたのは、国家が命令を下してみんなが「一億玉砕」を叫んで戦争に行く、付和雷同してついていく日本人の姿でした。しかし、自分の考えをしっかり持って行動する人間が日本の歴史を動かしてきたという事実を、司馬さんは小説に描き出したわけです。
「二十一世紀に生きる君たちへ」の核心の部分を引きましょう。

「もう一度くり返そう。さきに私は自己を確立せよ、と言った。自分に厳しく、相手にはやさしく、とも言った。いたわりという言葉も使った。それらを訓練せよ、とも言った。それらを訓練することで、自己が確立されていくのである。そして、〝たのもしい君たち〟になっていくのである」

司馬さんが歴史上で愛した人物は、坂本龍馬のように、周りがどうであれ、しっかりと自己を持って時代を動かした人たちでした。黒田官兵衛にしても、最初は豊臣秀吉に付き従っていましたが、秀吉が朝鮮を攻めるにあたり、それが間違いであると思ったら、さっさと隠居して自分の道を歩みます。秋山真之も、自分がいるから日本の海軍と日本の安全は保てるのだと、一身でもって日本全体を背負うほどの覚悟を抱いていました。

こうした「たのもしい」人物を司馬さんは愛し、その肖像を描いてきたのです。

司馬遼太郎からの問いかけ

司馬さんは、「二十一世紀に生きる君たちへ」の兄弟編とも言える「洪庵のたいまつ」[*2]というエッセイで、軍人でもなければ政治家でもない、英雄でもない一人の人物――緒方洪庵を紹介しています。

自身が西洋の医学を学ぶばかりではなく、西洋の医学や言葉や考えを多くの弟子たちに教え、日本の明治を開くことにつなげた人物です。洪庵は、灯したたいまつの火をひとつずつ弟子へ――大村益次郎や福沢諭吉、橋本左内[*3]、大鳥圭介[*4]といった人たちへ移していきます。

司馬さんは、真の愛国者というのは緒方洪庵のような人物だと思っていたにちがいありません。この国がうまくいくように、自分で考えて行動し、他人に共感性をもって、人の命を救うことに生涯をささげた人です。

幕末の日本ではコレラがはやりました。コレラ治療に取り組む医師は、ひどいときは三人に一人、四人に一人が死んだとされます。治療にあたった洪庵は「事に望んで賤丈夫《せんじょうぶ》(心の卑しい男)となるなかれ」と言い、さらに「世のため、人のため」と常に口にして、掛け軸にも残しました。

自分の「技術」を人の命を救うために使った人——。緒方洪庵は、自己を確立して、他人をいたわることのできる、非常に共感性の強い人物だったのです。「二十一世紀に生きる君たちもそうした人物になってほしい」。それが、何千、何万、何十万という人の人生を、日本を見つめた司馬遼太郎さんの結論だったのではないでしょうか。

やはりあれだけ膨大な歴史の海を見続けると、人間や社会が幸せになる定石というか、法則がわかるのでしょう。共感性と自己の確立——この司馬さんの問いかけは、いま、私たちに、とても大切なものとして響いてきます。

＊1 「二十一世紀に生きる君たちへ」『小学国語6年下』（一九八九年、大阪書籍）に掲載。

＊2 「洪庵のたいまつ」『小学国語5年下』（一九八九年、大阪書籍）に掲載。

＊3 **橋本左内** 一八三四〜五九。幕末期の越前福井藩士。緒方洪庵らに医学と洋学を学び、藩の洋学を振興した。将軍継嗣問題で一橋慶喜の擁立に尽力し、安政の大獄で斬首された。

＊4 **大鳥圭介** 一八三三〜一九一一。幕末・明治期の幕臣・外交官。緒方洪庵らに蘭学や兵学を学ぶ。戊辰戦争では榎本武揚らと箱館五稜郭で降伏。明治政府に仕え、清国・朝鮮公使、枢密顧問官などを歴任。

おわりに

　文学を語るとき、議論は文学作品そのもののなかで完結すべきで、それが外に与える影響まで考えなくていいという意見はあると思います。しかし、司馬さんの文学というのは――これは漫画家の手塚治虫さんにも通じることかもしれませんが――、読み手の人生をよりよくし、また読んだ人間がつくる社会もよりよくしたい、という、つよい思いがこめられた作品です。

　司馬さんにとって、日本国家の失敗というのは、やはり「昭和前期」でした。昭和を題材にした小説をついに描くことはありませんでしたが、もし司馬さんが昭和史の小説を書いたとしたら、どうだったでしょうか。司馬さんが日本人に何を言いたかったかは、むしろその時代を影絵のように塗り残していることでよく見えてきます。

司馬さんが描けなかった、影絵のように塗り残してしまった部分には、二一世紀を生きる私たちが考えなければいけない問題がたくさん含まれています。

司馬さんは、日本国家が誤りに陥っていくときのパターンを何度も繰り返し示そうとしました。たとえば、集団のなかにひとつの空気のような流れができると、いかに合理的な個人の理性があっても押し流されていってしまう体質。あるいは、日本型の組織は役割分担を任せると強みを発揮する一方で、誰も守備範囲が決まっていない、想定外と言われるような事態に対してはレーダー機能が弱いこと。また情報を内部に貯め込み、組織外で共有する、未来に向けて動いていく姿勢をなかなかとれないといった、日本人の弱みの部分をその作品中に描き出しています。

こうした、その国の人々が持っている「くせ」「たたずまい」、簡単に言えば「国民性」といったものは、一〇〇年や二〇〇年単位でそう簡単に変わるものではありません。であるならば、二〇世紀までの日本の歴史と日本人を書いた司馬遼太郎さんを、二一世紀を生きる私たちが見つめて、自分の鏡として未来に備えていくことはとても大切ですし、司馬さんもそれを願って作品を書いていったはずなのです。
もちろん、自身が歴史好きということはあったでしょう。また、文学として自己完結したいと思ったかもしれません。でも、いちばんの根元にあったのは、後世をよくしたい、それに少しでも力を添えたい――という、戦争にも行った世代ならではの使命感と志《こころざし》だったのではないでしょうか。その真剣なまなざしと心があったからこそ、亡くなって二〇年が経過した今なお、司馬さんは国民作家として愛され続けているのだと思います。

磯田道史

司馬遼太郎　略年譜

年	年齢	出来事（太字は社会で起こったこと）
一九二三（大正一二）年	○歳	大阪市に生まれる。本名福田定一／**関東大震災**
一九三七（昭和一二）年	一四歳	**日中戦争**（〜四五年）
一九四一（昭和一六）年	一八歳	大阪外国語学校蒙古語科（現・大阪大学外国語学部）入学／**太平洋戦争**（〜四五年）
一九四三（昭和一八）年	二〇歳	徴兵猶予停止により大学を仮卒業。兵庫県加古川の戦車第一九連隊に入営
一九四四（昭和一九）年	二一歳	満州の陸軍戦車学校に入校・卒業。満州の戦車第一連隊に配属
一九四五（昭和二〇）年	二二歳	本土防衛のため、戦車を釜山経由で輸送する任務に就き、新潟上陸。栃木県佐野市で敗戦を迎え、復員／**ポツダム宣言受諾**
一九四六（昭和二一）年	二三歳	新日本新聞社入社／**天皇の人間宣言**。**日本国憲法公布**
一九四八（昭和二三）年	二五歳	新日本新聞社倒産、産業経済新聞社入社
一九五六（昭和三一）年	三三歳	「ペルシャの幻術師」で第八回講談倶楽部賞受賞。『史記』の司馬遷に遼《はる》かに及ばぬという意味で筆名を「司馬遼太郎」とする
一九五九（昭和三四）年	三六歳	「産経新聞」文化部記者の松見みどりと結婚。『梟の城』刊行

一九六〇(昭和三五)年	三七歳	『梟の城』で第四二回直木賞受賞。「産経新聞(大阪)」文化部長に就任／**安保闘争激化**
一九六一(昭和三六)年	三八歳	産経新聞社退社、専業作家となる
一九六二(昭和三七)年	三九歳	「竜馬がゆく」連載開始(〜六六年)
一九六三(昭和三八)年	四〇歳	「国盗り物語」連載開始(〜六六年)
一九六四(昭和三九)年	四一歳	**東海道新幹線開業。東京オリンピック**
一九六八(昭和四三)年	四五歳	「坂の上の雲」連載開始(〜七二年)
一九六九(昭和四四)年	四六歳	「花神」連載開始(〜七一年)
一九七一(昭和四六)年	四八歳	「街道をゆく」連載開始(〜九六年未完)
一九七二(昭和四七)年	四九歳	「翔ぶが如く」連載開始(〜七六年)／**沖縄返還**
一九八六(昭和六一)年	六三歳	「この国のかたち」連載開始(〜九六年未完)／**バブル景気**(〜九一年頃)
一九八九(平成元)年	六六歳	小学校の国語教科書に「洪庵のたいまつ」「二十一世紀に生きる君たちへ」掲載。『「明治」という国家』刊行
一九九六(平成八)年	七二歳	腹部大動脈瘤破裂のため死去

＊本書は、二〇一六年二月に小社から刊行された「司馬遼太郎スペシャル　2016年3月（100分de名著）」の内容に加筆を施した上で、再構成したものです。

磯田道史 いそだ・みちふみ
1970年、岡山市生まれ。
2002年、慶應義塾大学大学院文学研究科博士課程修了。
博士(史学)。専攻は日本近世社会経済史・
歴史社会学・日本古文書学。
現在、国際日本文化研究センター准教授。
『武士の家計簿』『殿様の通信簿』『日本人の叡智』
『龍馬史』『歴史の愉しみ方』『無私の日本人』
『天災から日本史を読みなおす』など著書多数。

NHK出版新書 517

「司馬遼太郎」で学ぶ日本史

2017年 5 月10日 第 1 刷発行
2024年11月25日 第16刷発行

著者 磯田道史

発行者 江口貴之
発行所 NHK出版
〒150-0042東京都渋谷区宇田川町10-3
電話 (0570) 009-321(問い合わせ) (0570) 000-321(注文)
https://www.nhk-book.co.jp (ホームページ)

ブックデザイン albireo
印刷 新藤慶昌堂・近代美術
製本 藤田製本

Printed in Japan ISBN978-4-14-088517-8 C0221

NHK出版新書好評既刊

はじめてのサイエンス
池上 彰

いま学ぶべきサイエンス6科目のエッセンスが一気に身につく。再生医療から地球温暖化まで、ニュースの核心も理解できる。著者初の科学入門。

500

なぜ日本のフランスパンは世界一になったのか
阿古真理

技術革新と「和洋折衷」力で、独自のパン文化を築いた日本。空前のパンブームの背景にある、先人たちの苦闘の歴史をひもとく。

501

大国の掟
「歴史×地理」で解きほぐす
佐藤 優

ヒラリー、習近平、プーチン、メルケル――彼らを動かす「見えざる力」とは何か？ 地政学と歴史学の合わせ技で、国際情勢の本質に迫る決定版！

502

キラーストレス
心と体をどう守るか
NHKスペシャル取材班

大反響のNHKスペシャルシリーズ「キラーストレス」の出版化。命をむしばむ恐るべきストレスに関する最新の知見と対策法がつまった一冊。

503

役者は下手なほうがいい
竹中直人

一生、ベテランなんて言われたくない――。独特のセンスや笑いでテレビ、映画を中心に大活躍する著者の、役者人生で培ってきた「生き方の核心」とは!?

504

逆境からの仕事学
姜 尚中

読書の技法から歴史への視点まで、「人文知」を頼りに、困難な時代を乗り切るための働き方を示す。人気著者による初の仕事論！

505

NHK出版新書好評既刊

NHK出版新書好評既刊

大避難 何が生死を分けるのか
スーパー台風から南海トラフ地震まで

島川英介
NHKスペシャル取材班

徹底取材とシミュレーションが明かす、都市を襲う破局のシナリオとは!? 巨大化する台風・地震・津波からの「大避難」の可能性を探る。

512

人類の未来
AI、経済、民主主義

ノーム・チョムスキーほか
吉成真由美
インタビュー・編

国際情勢からAI、気候問題、都市とライフスタイルの未来像まで。海外の超一流知性にズバリ斬り込み、確たるビジョンを示す大興奮の一冊。

513

家訓で読む戦国
組織論から人生哲学まで

小和田哲男

戦国武将が残した家訓には、乱世を生きぬくための言葉が詰まっている。名将・猛将・知将の家訓から、戦国時代に新たな光を当てる一冊。

515

「正義」がゆがめられる時代

片田珠美

「正義」を振りかざして弱い立場の人を傷つける風潮が強まっている。なぜ、ゆがめられた正義が流行るのか? 社会の病理を鋭く解き明かす!

516

「司馬遼太郎」で学ぶ日本史

磯田道史

戦国時代に日本社会の起源がある?「徳川の平和」はなぜ破られた? 明治と昭和は断絶している? 国民作家の仕事から「歴史の本質」を探る。

517